Il a du mal
au collège

Brigitte Chevalier

Il a du mal au collège

Albin Michel

Collection « Questions de parents »
dirigée par Mahaut-Mathilde Nobécourt

22, rue Huyghens, 75014 Paris

www.albin-michel.fr

ISBN : 2-226-14287-8
ISSN : 1275-4390

Sommaire

Avant-propos

« Élève mal adapté au collège », « Ensemble insuffisant », « Doit faire un effort d'attention », « Faible à l'écrit »... : autant de verdicts trouvés dans les bulletins trimestriels.

Devant ces constats, vous, parents, êtes désemparés, voire angoissés. Vous tentez les moyens les plus divers. Vous promettez à votre enfant une récompense en cas de meilleures notes, vous le punissez, vous lui répétez sans cesse qu'il faut travailler ; ou encore, vous le soumettez à un travail intensif à la maison, vous avez recours à des cours particuliers, vous consultez des orthophonistes, des psychologues, des spécialistes en tout genre...

Dans certains cas, vous accusez l'école de ne pas remplir sa mission, vous mettez en cause les enseignants, les programmes, les rythmes scolaires. Dans d'autres cas, vous vous sentez coupables : vous pensez ne pas être assez présents, ne pas consacrer suffisamment de temps à votre enfant. L'atmosphère familiale en est perturbée. L'enfant, désemparé, risque très vite de se considérer comme « nul » et de subir passivement une situation qui perturbe son équilibre et le fragilise.

Les rencontres avec les enseignants contribuent rarement à arranger la situation. Il est vrai que, devant certains écueils rencontrés par les élèves, les professeurs se sentent souvent démunis. Ils souhaiteraient sans doute connaître la cause des problèmes et y remédier. Ils voudraient pouvoir agir et conseiller de manière efficace les familles mais ils n'en ont pas toujours la possibilité. Des questions primordiales restent sans réponse : que faut-il faire pour comprendre ? pour savoir ses cours? pour répondre aux demandes du professeur? pour être attentif? pour retenir l'essentiel?...

Cette situation s'explique en grande partie par le recrutement des professeurs. Pour entrer dans l'enseignement, il faut obtenir le CAPES ou l'agrégation, concours qui évaluent les savoirs, non l'aptitude à les transmettre. N'ayant pas eu l'occasion de prendre conscience de la diversité des styles d'apprentissage pendant leurs études, les enseignants utilisent, en classe, la méthode qui leur a réussi. Si les élèves comprennent, pas de problème. Dans le cas contraire, « ils ne sont pas au niveau », « ils ont des lacunes ». Le professeur est, certes, désolé d'établir ces constats; avant d'en arriver là, il a sans doute renouvelé ses explications, mais, là se trouve l'écueil, il les a réitérées sous la même forme. Or, pour que tous les élèves assimilent une notion, il est nécessaire de varier les modes de présentation.

Les ministres de l'Éducation nationale passent, les décrets se succèdent : les collégiens restent en proie aux mêmes difficultés...

Vous n'êtes pas en mesure de réformer l'école, alors quel peut être votre rôle? C'est la question à laquelle tente de répondre ce livre. Son but est de vous donner la possibilité d'apporter à votre enfant une aide durable et de mieux comprendre ce qu'on attend de lui au collège.

Pour cela, il n'est pas question d'intervenir chaque fois que votre enfant effectue un travail scolaire. Non seulement cette solution n'est guère envisageable à notre époque, mais elle ne ferait que le dépanner momentanément. En revanche, lors des moments où vous êtes disponibles, vous pouvez lui faire découvrir les procédés à mettre en œuvre dans tel ou tel type d'activités. Il y aura ensuite recours, seul, dans des situations similaires. Ainsi, lorsqu'un collégien « manque d'idées », il est plus enrichissant de lui montrer comment en trouver plutôt que de l'aider au coup par coup, de faire en quelque sorte le travail à sa place. Muni de savoir-faire, il n'éprouvera plus l'angoisse de la page blanche et, plus généralement, ne ressentira plus de crainte lorsqu'il sera seul devant un devoir ou une leçon.

Tout enfant a deux besoins primordiaux : un besoin d'accompagnement, un besoin d'autonomie. C'est ce qu'a souligné Maria Montessori, médecin et éducatrice italienne, lorsqu'elle écrivait : « Aide-moi à faire tout seul. » En dotant votre enfant de méthodes, vous répondrez à ce double besoin. Vous contribuerez aussi à la réussite de toute sa scolarité.

COMMENT UTILISER CE LIVRE ?

Chaque chapitre est consacré à une annotation authentique relevée sur les bulletins trimestriels.

Le premier chapitre constitue la base de tout le livre. Il est important de le lire quelle que soit la difficulté rencontrée. Il se propose, par des questions variées portant sur la vie de tous les jours, par des observations simples, de mettre au jour le style d'apprentissage de votre enfant. Vous pourrez ainsi lui prodiguer des conseils adaptés à sa personnalité. Ce qui convient à l'un peut ne pas convenir à l'autre. Chaque enfant est unique et, pour mieux l'aider, il est essentiel de connaître les procédés qui lui permettent de comprendre, d'apprendre, etc.

Après la lecture du premier chapitre, vous pourrez vous reporter directement à celui consacré à la difficulté qui concerne votre enfant. Vous y trouverez différentes rubriques conçues pour faciliter votre démarche.

• **Qu'est-ce que cela veut dire ?** analyse la difficulté exprimée de manière sibylline. Bien ciblé, un obstacle est plus aisé à surmonter.

• **Comment aider votre enfant** présente des solutions qui permettent de surmonter l'écueil mis au jour. Vous trouverez :

– Une **explicitation des objectifs** du chapitre destinée à l'enfant. Cette élucidation est primordiale pour le rendre partie prenante et le motiver. Dans le cas contraire, vos conseils risqueraient de rester lettre morte.

– Une **observation** guidée par des questions. Cette observation permet à l'enfant de comprendre ce qui le freine dans sa progression ou, encore, l'aide à prendre conscience de la méthode à suivre pour progresser.

– Des **repères** : ils constituent une banque de ressources récapitulant les stratégies à mettre en œuvre. Par la suite, l'enfant pourra y avoir recours en votre absence, il disposera ainsi d'un guide.

– Des **activités** : n'hésitez pas à les prolonger par une mise en œuvre dans la vie quotidienne ; leur portée en sera augmentée. Les activités s'adressent aux collégiens, de la 6e à la 3e ; les classes sont mentionnées afin que vous puissiez choisir celles qui concernent votre enfant.

- Des **témoignages** qui vous montreront à quel point la scolarité d'un enfant peut être modifiée par la découverte d'une nouvelle manière de procéder.
- Des **expériences** qui vous prouveront, entre autres, la nécessité d'oublier certaines idées reçues.
- Une rubrique intitulée **Pour aller plus loin** destinée aux curieux.

1

« Élève mal adapté au collège »

Dans le même registre, vous trouverez : « Oublie toujours ses affaires », « Trop de travaux non rendus », « Se moque du monde », « Il faut rendre son travail à la date prévue », « Les devoirs ne sont pas faits »...

QU'EST-CE QUE CELA VEUT DIRE ?

Même si le CM2 prépare les élèves à l'entrée en 6e, il n'en reste pas moins que les changements au collège sont nombreux : plusieurs enseignants au lieu d'un seul, salles de cours différentes pour certaines matières, horaires irréguliers, disciplines plus nombreuses, livres et matériels variés. En outre, le travail à la maison est plus important. Il faut planifier ses devoirs sur la semaine, voire sur deux semaines, et non du jour au lendemain. Il est plus que jamais nécessaire d'accompagner votre enfant dans cette nouvelle étape de sa scolarité. C'est un moment crucial.

Selon une enquête publiée par *Le Monde de l'éducation*[1], un élève sur trois reconnaît s'y prendre la veille pour faire un travail pour lequel il disposait de deux semaines. Parmi ceux qui prétendent être mieux

1. L'enquête a porté sur un échantillon de 8 000 élèves fréquentant 100 collèges publics et six académies. *Éducations et Formations* et note d'information n° 94, 17 mars 1994. Des extraits de cette enquête ont été publiés dans *Le Monde de l'éducation*, septembre 1994, p. 56-57.

organisés, « un sur deux ne dit pas la vérité ». Comme le montre une autre enquête, beaucoup de parents semblent estimer qu'au collège leur enfant peut se débrouiller seul, puisque leur aide chute de manière significative à partir de la 6e et, ce, dans toutes les classes sociales. Certains collégiens s'adaptent facilement, il est vrai, mais d'autres, en revanche, se sentent désemparés et peuvent très vite être submergés si personne ne les guide.

Les objectifs de ce chapitre expliqués à l'enfant

Voici une proposition pour lui faire comprendre le but du travail proposé. N'hésitez pas à l'adapter en fonction de ses réactions. Dites-lui en substance : « Tu as pu constater que la 6e est une classe très différente du cours moyen : tu as plusieurs salles de cours, plusieurs professeurs, tes horaires ne sont pas les mêmes tous les jours. Il y a de quoi se sentir un peu perdu. Si tu es dans ce cas, ce chapitre va t'aider à découvrir comment procéder pour te sentir à l'aise. Bientôt, tu seras au collège comme un poisson dans l'eau. »

Enquête

Un professeur de mathématiques a eu l'idée, dans le cadre d'une recherche menée avec l'Institut national de recherche pédagogique, de mener une enquête sur les documents connus par les élèves à leur entrée en 6e. S'agissant des tableaux à double entrée, il a constaté que 55 % des collégiens ignorent le fonctionnement de ce type de document. Or l'emploi du temps est un tableau à double entrée dont l'utilisation paraît évidente à la plupart des enseignants. C'est parfois pour des difficultés de cet ordre que les élèves se découragent et voient la réussite de leur scolarité compromise. Quel dommage !

Comment l'aider à apprendre : montrez-lui comment s'organiser

Le maître mot de la 6e est l'organisation. Cette dernière commence par une consultation efficace du cahier de textes et de l'emploi du temps.

La sonnerie retentit, le cours s'achève. Les élèves s'agitent, prêts à sortir. C'est généralement à ce moment-là que le professeur indique : «Vous ferez l'exercice n° 2, page 23, pour le mardi 5 octobre.» De nombreux élèves ne notent pas toutes les indications et, arrivés chez eux, ils ne peuvent effectuer ce qui a été demandé. Pour éviter cet écueil, conseillez à votre enfant de toujours avoir son cahier de textes à portée de main. Dès que le professeur commence à donner le travail, conseillez-lui : d'ouvrir son cahier de textes à la page concernant le jour indiqué (lundi, mardi...), de noter la discipline et la date à laquelle le travail doit être effectué, d'écrire l'activité à faire (exercice, rédaction, leçons à apprendre) en mettant en évidence les matières.

Certains enfants se heurtent à un autre écueil : ils écrivent encore lentement, ce qui les empêche de noter de manière complète le travail à faire. En leur indiquant comment abréger les mots qui reviennent le plus souvent dans le cahier de textes, vous leur permettrez de surmonter cette difficulté : *ex.* pour exercice, *pb.* pour problème, *p.* pour page, *lç.* pour leçon, etc.

Il est également indispensable pour s'adapter au collège que l'enfant comprenne le principe de l'emploi du temps. Pour y parvenir, il doit être en mesure de lire un tableau à double entrée. Dans certains collèges, l'emploi du temps est distribué, mais, dans d'autres, c'est à l'enfant de l'écrire. Dès que l'enfant est en possession de son emploi du temps, vérifiez qu'il ne manque pas d'indication : numéro de la salle, intitulé trop vague. Par exemple, en français, s'agit-il d'expression écrite, de grammaire, de lecture expliquée? Si le professeur n'a pas opté pour le manuel unique, il faudra apporter le livre de textes, le livre de grammaire ou celui d'expression écrite. Dans le même esprit, si vous constatez que rien n'est mentionné le jeudi de 10 à 11 heures, demandez-lui s'il est sûr de ne pas avoir cours à cette heure-là. En cas d'hésitation, conseillez-lui de s'informer auprès d'un autre élève ou auprès du professeur principal.

Au fur et à mesure que le collégien connaîtra le matériel nécessaire pour chaque discipline, préparez un emploi du temps comportant non seulement la discipline, la salle, mais le matériel à emporter pour chacun des cours. Dans le cas contraire, dès le premier bulletin scolaire, l'annotation sera : « N'apporte jamais ses affaires ». En fonction de leur spécificité, certains cours nécessitent un équipement particulier. Pour le cours d'éducation physique et sportive (EPS), un survêtement et des chaussures de sport sont indispensables. Pour le cours d'éducation musicale, une flûte peut être requise. Pour le cours de mathématiques, une règle millimétrée et un compas seront deux instruments nécessaires. Pour le cours d'arts plastiques il faudra un crayon à papier, une boîte de peinture et du papier Canson, etc. Mais, à côté des différences engendrées par la discipline, chaque professeur a sa « marotte » (voir p. 19). L'un demandera un cahier à grands carreaux, l'autre un cahier à petits carreaux, le troisième un classeur avec intercalaires, le quatrième des copies ou des fiches d'un format déterminé, le cinquième un carnet, etc. Procurez-vous très vite les fournitures indiquées. Il vous faudra sûrement faire la queue pour vous procurer la papeterie, mais votre enfant sera rassuré.

Discutez avec l'enfant du matériel à emporter; sinon, il emportera presque tout. De récentes statistiques révèlent qu'au cours des premiers mois du collège, l'enfant porte une charge représentant 30 % de son poids, de peur d'oublier quelque chose. Et encore, il y a désormais un progrès : les manuels scolaires sont moins lourds qu'il y a cinq ans car la couverture n'est plus en carton rigide mais souple.

Au-delà de ces aspects pratiques, aidez l'enfant à répartir harmonieusement ses activités. Dès les premiers jours, conseillez-lui d'effectuer certaines tâches en deux étapes ou plus. Ainsi, une rédaction est mieux réussie lorsqu'elle est faite en deux temps; dans un premier temps, l'enfant réunira ses idées, dans un deuxième temps, il les mettra en ordre; une leçon, elle, a besoin d'être révisée : dans le cas contraire, l'oubli survient très vite.

Repères

Pour te guider dans tes activités et organiser au mieux ton travail, tu disposes de deux instruments : le cahier de textes et l'emploi du temps.

☐ Apprends à utiliser ton cahier de textes

En classe

C'est la fin du cours. Le professeur indique : «Vous ferez l'exercice n° 2, page 23, pour le mardi 5 octobre». Vite :

– ouvre ton cahier de textes à la page du mardi en te repérant grâce aux onglets;

– écris la matière (français, histoire, sciences...) dans la colonne 1, la date à laquelle le travail doit être prêt dans la colonne 2 et le type de travail (exercice, rédaction, recherche de documents...) dans la colonne 3;

– sépare les matières par un trait.

Chez toi ou en permanence

Tu désires savoir ce que tu dois préparer pour le jeudi 15 octobre, par exemple. Ouvre ton cahier à la page du jeudi, regarde la date (colonne 2), tu trouveras les renseignements dans la colonne 1 et la colonne 3.

Attention! En dehors de quelques exercices courts à effectuer du jour pour le lendemain, ne fais pas ton travail au dernier moment. Prends de l'avance. De plus, si tu as une rédaction à faire, prépare-la en deux temps : recherche des idées et premier essai sur le cahier de brouillon, puis, un autre jour, mise au net, relecture. Pour apprendre une leçon, prévois une ou deux séances de révision. Sinon, tu oublieras une partie de ce que tu savais.

Un bon conseil

Si tu utilises un agenda au lieu d'un cahier de textes, vérifie bien que tu ouvres ton agenda à la date à laquelle ton travail doit être prêt et non à la date du jour. Pour te repérer plus facilement, tu peux diviser chaque page en deux colonnes : une colonne servira à noter la matière, l'autre à inscrire le travail. N'oublie rien!

☐ Apprends à bien consulter ton emploi du temps

À chaque ligne de l'emploi du temps correspond un jour et à chaque colonne une heure. Si tu souhaites savoir quel cours tu as le mardi à 9 heures, tu croises le jour, mardi, et l'heure, 9 heures : tu trouves le cours.

La salle de cours est désignée par un numéro et quelquefois par une lettre qui précise le bâtiment. Ainsi, C 23 signifie : bâtiment C, salle 23, qui se trouve au deuxième étage, puisque le numéro de la salle commence par un 2.

Un bon conseil

Dès leur premier cours, tes professeurs indiquent la liste du matériel à apporter. Alors, chaque soir, prépare ton cartable pour le lendemain.

Activités

☐ Tire parti de ton cahier de textes (6e)

Le but de cette activité est de conduire l'enfant à savoir manier son cahier de textes, condition indispensable pour qu'il puisse effectuer les travaux demandés à la date voulue. Demandez-lui de consulter son cahier de textes et de répondre aux questions que vous lui poserez :

1. Quel est le travail à effectuer pour telle date?
2. Telle date et telle date sont des mardis : vrai ou faux?
3. Quel est le livre à prendre pour faire l'exercice pour telle date?
4. Quelle est la page de la leçon à apprendre pour telle date?
5. Apprendre la veille une leçon pour le lendemain est-il une bonne solution?
6. Un élève fait le lundi 11 octobre sa rédaction pour le mardi 12. A-t-il raison?

☐ Vérifie ton cahier de textes (6e)

L'enfant a pour mission de vérifier si les indications notées sur un cahier de textes sont complètes. Ce jeu de rôle est formateur et motivant. Dites-lui qu'un élève a oublié de noter des renseignements sur son cahier de textes. À lui de trouver les renseignements manquants.

Français	*16 septembre*	*Apprendre la fable*
Histoire		*Apporter des documents*
Mathématiques	*17 septembre*	*Apprendre la leçon page 12* *Faire l'exercice p. 14*
Anglais	*17 septembre*	

☐ Oriente-toi dans ton emploi du temps (6e)

Dites à l'enfant de répondre aux questions à l'aide de son emploi du temps :

1. Quels sont les deux jours où tu as le plus grand nombre d'heures de cours?
2. Quel est le jour où tu as le moins d'heures de cours?
3. Combien d'heures de permanence y a-t-il dans la semaine pour tous les élèves?
4. À quelle heure peux-tu sortir du collège le mardi matin?
5. Si tu veux pratiquer un sport le jour où tu termines le plus tôt, quel jour choisiras-tu?
6. Dans quelle salle ont lieu les cours de français?
7. Quels sont les jours où il est nécessaire d'apporter des vêtements de sport?
8. À quelle heure rentres-tu le mardi après-midi?
9. Un élève déteste se lever tôt. Quel jour préfère-t-il en dehors du samedi et du dimanche?
10. Un élève déteste les mathématiques. Quel jour de classe préfère-t-il?
11. Quels sont les cours qui ont lieu dans la même salle?
12. Un élève est demi-pensionnaire. Il veut aller au CDI faire des recherches sur les dinosaures. Quel(s) jour(s) et à quelle(s) heure(s) pourra-t-il s'y rendre pendant une permanence?

☐ Prépare ton matériel (6e)

Il s'agit d'une activité portant sur la consultation de l'emploi du temps mais l'accent est mis sur le matériel à emporter en fonction des cours.

Dites à l'enfant de prendre son emploi du temps et d'indiquer le matériel à emporter pour chaque cours en se reportant aux indications des professeurs. Demandez-lui ensuite d'établir un emploi du temps complété par le matériel nécessaire pour chaque cours. Ce document peut se présenter sous la forme d'un grand tableau affiché sur le mur de la chambre de l'enfant.

Chacun sa marotte

Un collégien raconte ses premiers jours en 6e.

Je ne sais pas si vous le savez… mais quelle pagaille dans ce collège! Non, mais quelle pagaille! C'est plein de professeurs qui ne savent pas ce qu'ils veulent. Chacun sa marotte. Il n'y en a pas deux pareils!

Ça a commencé dès le premier jour, avec le matériel. Des copies petit format pour les uns, grand format pour les autres, avec des rayures ou des petits carreaux, des feuilles blanches ici, roses là, vertes ailleurs, des classeurs ou des cahiers... Et il faut écrire tantôt avec un stylo à bille, un feutre, un crayon, un marqueur, en rouge, en vert, en bleu,
Ce n'est pas une trousse qu'il faudrait. C'est le rayon papeterie des grands magasins.
Comme si ces gens-là ne pouvaient pas s'entendre sur les outils. Ils font bien le même métier, pourtant.
Ce matin, en mathématiques, je me suis fait houspiller par la petite dame à lunettes : « Et la règle ? C'est pour quoi ? Tous les traits, toujours à la règle ! C'est compris ? »
Un quart d'heure après, en dessin, je m'applique à tracer les contours d'une maison à la règle, et le barbu me saute dessus : « Des traits à la règle ? Non, mais quelle idée ! Veux-tu me faire le plaisir de ranger cet engin barbare ! »

J. Charpentreau, *Le Corbeau et le Perroquet*,
Poche Nathan, 1992.

Comment l'aider à apprendre :
conduisez-le à découvrir le fonctionnement de ses manuels

Les collégiens ont sans cesse à recourir aux manuels scolaires distribués en début d'année. Leur apprend-on à se servir de ces livres ? La réponse est, la plupart du temps, négative. En classe, pas de problème, le professeur indique la page à laquelle ouvrir le manuel. En revanche, à la maison, comment procède l'enfant lorsqu'il est amené à trouver seul la page pertinente par rapport à son travail ? Il tourne les pages, espérons qu'il découvrira celle qui le concerne avant la page 60... Les manuels scolaires, comme les ouvrages documentaires, sont des forêts impénétrables pour celui qui n'en possède pas les clés. De plus, l'enfant connaît rarement les ressources de son manuel, en particulier le lexique. Il reste alors bloqué devant un terme grammatical ou mathématique dont il ne connaît pas la signification, alors que la solution est à sa portée.

Les objectifs de cette partie expliqués à l'enfant

Voici une proposition pour lui faire comprendre le but du travail proposé dans cette partie. N'hésitez pas à l'adapter, à la modifier selon sa personnalité et ses réactions. Vous pouvez aussi partir d'une situation vécue récemment.

Dites-lui en substance : «Tu dois apprendre la leçon sur le complément d'objet direct mais tu as oublié de noter la page où figure cette leçon dans ton livre de grammaire. Comment trouves-tu cette page? Sans cesse, pour ton travail scolaire, tu as recours à tes manuels et à des livres documentaires. Mais, si tu n'en connais pas les clés, ces livres sont peut-être pour toi ce qu'est une région inconnue pour un explorateur. Dans ce cas, tu te demandes à quelle page les ouvrir pour trouver le chapitre qui t'intéresse. Rassure-toi, pour t'orienter dans ces livres, il existe des guides : le sommaire et l'index. Apprends à les consulter, tu iras droit à la page ou au chapitre concernés.»

Observation

Dites à l'enfant de prendre son manuel d'histoire-géographie, de grammaire, de mathématiques... Demandez-lui de regarder le sommaire. Dans quel ordre se présente-t-il? Que signifie le chiffre indiqué à côté de chaque chapitre? Quel est, selon lui, son rôle? Comment l'utiliser?

Effectuez ensuite le même travail avec l'index. Que comporte-t-il? Comment est-il organisé? Que signifie le chiffre mentionné? Renouvelez l'opération avec un ou deux ouvrages documentaires.

Repères

Sommaire et index sont les boussoles qui permettent de «circuler» dans les livres.

– Le sommaire constitue le plan du livre. Il est classé dans l'ordre des chapitres, c'est-à-dire dans l'ordre des grandes divisions du livre. Il indique le titre des chapitres et à quelle page commence chacun d'entre eux. Si tu désires savoir où est traité un sujet ou une notion, tu parcours les titres des chapitres, tu choisis celui qui t'intéresse et tu ouvres le livre à la page indiquée.

– L'index est la liste des sujets ou notions traités dans un livre. Il est, lui, classé par ordre alphabétique des sujets. Il mentionne à quelle page ouvrir le livre pour trouver le sujet que tu cherches.

Si tu ne trouves rien au mot choisi, cherche à un mot plus général ou à un mot de sens proche (par exemple, *bateau* pour *péniche*, *nutrition* pour *alimentation*).

Activités

□ Voyage à travers les livres (6ᵉ, 5ᵉ)

Il est fréquent de rencontrer, en 6ᵉ, des enfants qui, dans le cadre scolaire, n'ont jamais réellement manié un livre et, ce, pour deux raisons. D'une part, l'enseignant indique souvent aux élèves la page à laquelle le manuel doit être ouvert au lieu de leur demander d'ouvrir le livre au chapitre qui traite tel sujet. D'autre part, pour faire preuve d'initiative, il bâtit fréquemment son cours à partir de photocopies extraites de divers manuels scolaires. Certains enfants ne travaillent, à l'école élémentaire, qu'à partir de photocopies et n'ont pas l'occasion d'utiliser un livre. Or un manuel, aussi mal fait soit-il, présente une continuité, forme un tout. Il comporte une couverture, une page de titre avec certaines indications, un sommaire, des chapitres organisés selon une structure, etc. Ce n'est pas le cas pour les photocopies qui fournissent à l'enfant des éléments disparates dont il ne perçoit pas la cohérence. Soulignons que cette pratique est néfaste à une bonne construction des connaissances.

Si votre enfant est dans ce cas, le premier objectif à atteindre consiste à le familiariser avec le livre, sa composition, sa structure, à lui montrer le parti qu'il peut tirer de tous les éléments qui précèdent ou suivent les différents chapitres (sommaire, index, mais aussi pages de couverture, lexique, notes…). Parmi les causes d'échec en lecture, on trouve souvent l'ignorance du fonctionnement des livres.

□ Découvre où trouver des renseignements (toutes classes)

Inventez un jeu de rôle de ce type. Dites à votre enfant qu'un élève fait un exercice d'orthographe ou qu'il prépare une rédaction. Soudain, il hésite sur un accord, sur une conjugaison. Demandez-lui de l'aider en consultant l'index de son livre de grammaire : il pourra ainsi lui indiquer à quelle(s) page(s) il devra ouvrir le livre pour avoir les renseignements.

1. L'élève se demande ce qu'est un homonyme.
2. L'élève doit mettre une phrase au discours direct.
3. L'élève doit conjuguer le verbe *chanter* au conditionnel.
4. L'élève doit relever deux compléments du nom.
5. L'élève ne sait plus s'il faut écrire *on* ou *ont* dans la phrase : «Cette nuit, (ont – on) a entendu le tonnerre.»
6. L'élève ne sait comment s'accordent les mots composés.
7. L'élève a pour sujet de rédaction : «Décris l'animal de ton choix.» Comment faire une description?
8. L'élève doit indiquer la différence entre un champ lexical et un champ sémantique.
9. L'élève doit écrire en lettre le nombre 80.
10. L'élève doit préparer une rédaction comportant des dialogues. Comment les présenter?

Si vous avez deux enfants ou plus, organisez un concours. Après avoir feuilleté deux ou trois livres, posez aux joueurs une question dont la réponse se trouve dans les livres que vous avez consultés. Le gagnant est celui qui trouve en premier la page où se situe la réponse. Cette activité, sorte de jeu de piste, est très motivante.

□ Choisis entre le sommaire ou l'index (toutes classes)

Afin de lui faire prendre conscience des différences existant dans l'organisation d'un sommaire et d'un index, proposez-lui l'activité suivante :

Demandez-lui de prendre un livre comportant un sommaire et un index sur un sujet qui lui plaît. À partir d'une question qu'il se pose, à lui de trouver la page ou le chapitre qui répondra à sa question. Faites-lui comparer le temps mis. Il s'apercevra que, pour un sujet précis, il est plus rapide d'avoir recours à l'index, car son classement est toujours le même, quel que soit le livre. Les mots sont toujours classés par ordre alphabétique. En revanche, pour le sommaire, il faut lire les titres des chapitres, prévoir les questions qui vont y être traitées et choisir le chapitre qui semble correspondre aux attentes.

COMMENT L'AIDER À APPRENDRE :
AIDEZ-LE À DÉCOUVRIR LES RESSOURCES DU DICTIONNAIRE

Cet instrument de référence n'est certes pas une nouveauté pour les élèves de 6e. Tous arrivent à exprimer l'idée que le dictionnaire donne des définitions. Mais l'expérience montre que, bien souvent, ils ne l'exploitent pas à fond et, de ce fait, passent à côté de renseignements sans y prêter attention ou ne savent pas en tirer parti. Il est donc nécessaire de leur faire découvrir comment choisir le volume, la page, l'article et l'information pertinents. Pour atteindre cet objectif, il s'agit de conduire l'enfant à :

– manier l'ordre alphabétique ;

– utiliser les repères situés en haut des pages (mots ou groupes de lettres) ;

– décoder toutes les indications contenues dans les articles et, par suite, connaître la signification des abréviations, s'appuyer sur la typographie qui permet de distinguer les différents types d'informations ;

– prendre conscience qu'un même son peut se transcrire de plusieurs façons et que l'alphabet phonétique situé en tête du dictionnaire peut aider le lecteur. La situation suivante se reproduit en effet fréquemment : après avoir poussé des soupirs à fendre l'âme, l'enfant finit par s'écrier : « Il n'y a rien dans ce dictionnaire ! » Alerté, vous allez voir ce qui se passe. Il cherchait le mot *pharaon* à la lettre *f*.

> Il est important que l'enfant/l'ado prenne conscience qu'il existe toujours des moyens pour surmonter une difficulté. Le dictionnaire constitue une précieuse ressource. Il fournit non seulement l'orthographe du mot et son (ou ses) sens, mais il précise sa nature (nom, verbe, préposition...), son genre (pour les noms), son groupe (pour les verbes). Il indique aussi si le mot présente une particularité (pluriel terminé par *x*, construction inhabituelle...).

Les objectifs de cette partie expliqués à l'enfant

Dites-lui en substance : « Tu prépares une rédaction et tu hésites entre deux mots, ou tu ne sais pas comment s'écrit l'un d'entre eux. Tu lis un mot et tu n'en connais pas le sens... Le dictionnaire est alors un précieux allié pour toi. Découvre les astuces qui te permettront d'ouvrir sans hésiter le dictionnaire à la bonne page et de trouver la bonne information.»

Observation

Prenez un dictionnaire et demandez-lui de vous indiquer dans quel ordre sont classés les mots. Portez ensuite son attention sur les mots ou les lettres situés en haut des pages et de les comparer avec le premier et le dernier mot traités dans les pages. Que constate-t-il?

Demandez ensuite à l'enfant de regarder deux ou trois articles. Les informations suivent-elles le même ordre? Quel type de renseignements trouve-t-il? Les caractères d'imprimerie utilisés sont-ils les mêmes pour tous les renseignements?

Repères

Un dictionnaire contient des centaines de pages et des milliers de mots... Sers-toi des repères pour te guider.

Comment choisir la page? Procède par ordre alphabétique. N'oublie pas de regarder les mots ou les lettres repères en haut des pages : tu sauras tout de suite si le mot cherché s'y trouve.

Comment trouver le renseignement dans l'article? Un article de dictionnaire comporte de nombreuses informations qui se présentent généralement dans l'ordre suivant :

– le mot, donc son orthographe;

– la prononciation, souvent transcrite en alphabet phonétique international;

– le registre de langue : le mot est-il familier, littéraire, vieilli? (dans une rédaction, évite les mots familiers, sauf si tu fais parler un personnage qui utilise ce langage);

– des renseignements grammaticaux : nature du mot (nom, verbe, adjectif...); pour les noms, les adjectifs, les pronoms, le genre (féminin ou masculin); pour les verbes, le groupe, etc. Ces renseignements sont mentionnés en abrégé (la signification des abréviations se trouve au début du dictionnaire); par exemple, *n.f.* signifie «nom féminin»;

– le premier sens du mot suivi d'un exemple qui l'illustre ; des synonymes (mots de sens voisin) ; des antonymes (mots de sens contraire) ; des dérivés, mots de la même famille ;

– le deuxième sens du mot, s'il en existe un, etc.

Souviens-toi : si tu souhaites uniquement vérifier l'orthographe d'un mot, un coup d'œil sur le premier mot de l'article suffit ; mais si tu désires un synonyme, tu le trouveras après la définition et l'exemple.

Un bon conseil

Outre la place de l'information, la numérotation, les signes (par exemple, ⇒, •), les caractères d'imprimerie utilisés dans un dictionnaire permettent de distinguer les différents renseignements. Ainsi, les exemples sont presque toujours écrits en italiques.

Activités

☐ Jongle avec le classement alphabétique (6ᵉ, 5ᵉ)

1. Demandez-lui de vous indiquer les lettres qui se situent avant ou après un certain nombre de lettres.

2. Dites-lui que vous allez utiliser un code secret où A = 1, B = 2, etc., et qu'il a pour mission de déchiffrer le message suivant (le stop sépare deux mots) :

22 – 9 – 22 – 5 stop 12 – 5 – 19 stop 22 – 1 – 3 – 1 – 14 – 3 – 5 – 19 !

3. Proposez-lui un jeu qui s'appelle le « petit bac ». Il peut se jouer à deux ou à plusieurs. Les joueurs préparent sur une feuille cinq colonnes en haut desquelles ils écrivent : *fleurs, fruits* ou *arbres, animaux, villes* ou *pays.* Un joueur désigne une lettre au hasard dans un livre. Il s'agit, en dix minutes, de trouver des noms de fleurs, de fruits…, commençant par la lettre tirée au sort. Le gagnant est celui qui a trouvé le plus grand nombre de mots.

☐ Sers-toi des lettres (ou mots) repères (6ᵉ-5ᵉ)

Dites-lui de choisir un mot et de le chercher dans le dictionnaire en consultant, dès qu'il croit être prêt du but, les lettres ou mots repères. Quand il trouve la page, demandez-lui de vous indiquer pourquoi il pense que le mot est présent dans cette page.

Votre enfant aborde une langue étrangère

L'apprentissage d'une langue étrangère n'est pas vraiment une nouveauté au collège : l'élève a souvent commencé à s'initier en maternelle et en primaire; mais ce n'est pas toujours le cas. Désormais, le collégien va suivre des cours d'anglais, d'allemand, de russe... En France, l'enseignement des langues vivantes n'est pas très performant à côté de celui d'autres pays : le collège ne fera pas de lui un bilingue. Trop peu d'heures y sont consacrées pour que le bain linguistique, seule méthode efficace, ait lieu. Un coup de pouce de votre part peut lui permettre de progresser.
Vous pouvez vous procurer des aides matérielles (cédéroms, DVD, cassettes) qui racontent une histoire simple dans la langue étudiée. De cette manière, l'oreille de votre enfant s'habituera à d'autres sonorités et son accent sera meilleur. Emmenez-le voir des films ou, simplement, choisissez avec lui un film en version originale à la télévision. Dès la 4e, il sera capable d'écouter la radio en langue étrangère, incitez-le à le faire.

☐ Décode un article de dictionnaire (à partir de la 5e)

Demandez-lui de choisir un article consacré à un mot peu connu et de vous le présenter en faisant des phrases. Il sera ainsi amené à traduire les abréviations et les symboles. Ce sera la preuve que la consultation de l'article n'a plus de secrets pour lui, qu'il sait en extraire toutes les informations.

☐ Deviens un lecteur de dictionnaire incollable (toutes classes)

Demandez-lui d'indiquer, grâce au dictionnaire, si ce que vous dites est vrai ou faux.

1. Un ladre est une personne avare.
2. Un brick a un seul mât.
3. Le sesterce est une ancienne monnaie romaine.
4. Un pomélo est un fruit.
5. Une joute est un instrument de musique.
6. La loutre est un mammifère.

Vous pouvez continuer l'activité en inversant les rôles. L'enfant ou l'ado cherche des mots peu connus dans le dictionnaire puis vous pose des « colles ». Il est probable qu'il aura envie de prolonger le jeu avec ses frères et sœurs ou avec des amis. Excellent procédé pour apprendre à manier le dictionnaire et pour occuper les journées de pluie...

Si vous possédez une encyclopédie ou un atlas, exercez-le aussi à s'en servir. Dans le cas contraire, conseillez-lui de consulter ces ouvrages au CDI (centre de documentation et d'information) du collège. Le professeur documentaliste lui montrera comment procéder.

2

« Ensemble insuffisant malgré un sérieux évident »

Vous trouverez aussi : « Décevant », « N'est pas au niveau », « Éprouve des difficultés de compréhension », « Il faut faire un sérieux effort pour comprendre les explications données en classe », « De nombreuses lacunes », « Ensemble très faible »...

Qu'est-ce que cela veut dire ?

Ces annotations, lourdes de conséquences, touchent particulièrement les parents. Il ne s'agit pas, en effet, d'une difficulté dans une discipline ou dans une activité, mais d'une difficulté qui remet en cause la scolarité. En présence de ce constat, vous vous posez de multiples questions : « Mon enfant est-il dans une classe correspondant à son niveau ? » Plus grave : « Mon enfant est-il intelligent ? » « Est-il normal ? », etc. En général, vous ne trouvez personne pour vous répondre. Si les difficultés persistent, le doute s'installe peu à peu dans votre esprit. Votre enfant ressent le malaise que vous éprouvez et en souffre. L'élève mais aussi, plus grave, l'enfant est en danger. Ne croyez pas que cette situation le laisse indifférent. Il est déstabilisé, même si, parfois, il réagit violemment à vos remarques. À terme, il se considérera comme « nul », « pas comme les autres », et tentera par tous les moyens de se désolidariser d'une institution qui le marginalise, voire le rejette.

Or, sauf cas extrêmes – troubles qui auraient été détectés bien avant –, tous les enfants ont la faculté de comprendre les notions abordées dans la classe où ils se trouvent. Mais, si tous les chemins mènent à Rome, toutes les explications ne conduisent pas à la compréhension… Les élèves ont des personnalités différentes et ce qui convient aux uns peut ne pas convenir aux autres. Le problème concerne la manière dont sont présentées les connaissances à acquérir et non les connaissances elles-mêmes.

En réalité, l'enseignement, presque toujours délivré de la même façon, ne s'adresse qu'à certains élèves. D'autres sont laissés pour compte ; ils n'ont pas moins de capacités que ceux qui réussissent, mais ils ont un autre mode de fonctionnement. Il n'existe pas de prêt-à-penser universel. Dans le schéma habituel de l'enseignement, les connaissances arrivent de toutes parts, mais comment les assimiler ? À cette question primordiale, les professeurs n'ont pas de réponse. Comprend qui peut.

Si le collège apporte peu ou pas de réponses au problème, ne renoncez pas. Il n'est pas question de prendre en charge les carences du système, de remplacer le professeur : ce serait à la fois irréalisable et peu indiqué. La maison n'est pas la classe… Vous pouvez, en revanche, considérablement aider votre enfant en mettant au jour les procédés qui lui permettent de comprendre. Bien que non enseignant, vous pouvez agir et faire en sorte qu'il franchisse les obstacles.

Les objectifs de ce chapitre expliqués à l'enfant

Voici une proposition pour lui faire comprendre le but du travail proposé. N'hésitez pas à l'adapter, à la modifier selon sa personnalité et ses réactions. Vous pouvez aussi partir d'une situation vécue récemment.

Inspirez-vous, si vous le souhaitez, de cette trame : « Tu es comme un téléspectateur. Tu peux recevoir l'information par plusieurs chaînes ou canaux, mais tu as sans doute une préférence pour un canal. Il en est de même pour comprendre : tu disposes de plusieurs canaux pour y parvenir, mais tu as une préférence pour un canal particulier. Quand ton professeur t'explique une nouvelle connaissance, il peut emprunter le même canal que toi et tout se passe bien ; mais il arrive qu'il utilise un autre canal. Dans ce cas, tu éprouves des difficultés à comprendre. Ce chapitre va te permettre de découvrir ton canal préféré et de t'adapter à d'autres canaux. »

COMMENT L'AIDER À PARVENIR À LA COMPRÉHENSION

Pour aider votre enfant, il est indispensable de prendre conscience de ce qui favorise ou freine sa compréhension. Afin de cerner ses stratégies, de dégager son style d'apprentissage, observez-le, dialoguez avec lui. Vous serez alors prêt à lui apporter des conseils personnalisés.

Il existe trois styles d'apprentissage liés très probablement à la prédominance de l'hémisphère gauche ou de l'hémisphère droit (voir p. 44).

Quel est le style d'apprentissage de votre enfant ?

N'ayez pas de préjugés positifs ou négatifs sur ce que vous allez découvrir. Il n'existe pas une façon de procéder meilleure que l'autre. Il s'agit de connaître la personnalité de l'enfant, de dégager les méthodes qu'il utilise pour agir, pour comprendre, pour apprendre, afin de l'aider à travailler plus efficacement. Il n'est pas question de tester ses aptitudes, encore moins son intelligence.

☐ Observez-le

Commencez par l'observer dans ses activités quotidiennes (jeux, préférences...) à l'aide de la grille suivante. Vous pouvez l'adapter selon son âge : privilégier certains aspects, en mettre d'autres en attente.

Par ailleurs, profitez de toutes les occasions pour le regarder agir et essayez de savoir pourquoi une activité lui plaît. L'enfant est un tout : il n'existe pas, d'une part, le collégien, et, de l'autre, la fille ou le garçon que vous côtoyez tous les jours à la maison. C'est justement parce que vous prendrez en compte ses préférences dans la vie quotidienne que vous serez en mesure de le guider.

1. *Il aime beaucoup:* a. regarder (ce que vous faites, mais aussi des photographies, des illustrations…) ; b. sauter, danser, courir ; c. parler (il commente tout ce qu'il fait).

2. *Quand il se trouve devant un nouveau livre, il préfère:* a. regarder d'abord les illustrations ; b. feuilleter le livre, le toucher ; c. commencer tout de suite à lire.

3. *Quand il a vu le clip d'une chanson, qu'est-ce qu'il retient le mieux ?* a. l'air ; b. la danse, les gestes ; c. les paroles.

4. *Quand il apprend une leçon:* a. il la lit des yeux ; b. il la lit en marchant, en bougeant (voire en écrivant) ; c. il la lit à voix haute.

5. *Si vous l'inscrivez à un cours en dehors de la classe, il préfère*: a. un cours de peinture, de dessin ; b. un cours de danse, de judo, de natation… ; c. un cours de chant.

6. *Quand vous lui montrez comment faire quelque chose:* a. il suit du regard comment vous vous y prenez ; b. il esquisse les mêmes gestes que vous ; c. il écoute vos explications.

7. *Quand il construit une maquette, un jeu:* a. il regarde d'abord les croquis qui se trouvent dans le mode d'emploi ; b. il lit d'abord les explications du mode d'emploi ; c. il fait d'abord des essais sans regarder le mode d'emploi.

8. *Quand il a passé des vacances sans vous, à son retour, il aime:* a. vous montrer des photographies ou des cartes postales ; b. expliquer ce qu'il a fait avec des gestes ; c. raconter ce qu'il a fait avec beaucoup de détails.

9. *Quand il a un nouveau copain, il aime:* a. le décrire comme s'il faisait son portrait (son allure, sa taille, ses vêtements…) ; b. mimer ses gestes, sa démarche ; c. parler des propos qu'ils ont échangés.

10. *À la télévision, il préfère:* a. les reportages, il peut ensuite décrire précisément ce qu'il a vu ; b. les films d'aventures où il y a beaucoup d'actions ; c. les émissions de variétés avec des chanteurs, de la musique.

☐ Dialoguez avec lui

Le dialogue suivant vous permettra de cerner les démarches qu'il privilégie. Il complète l'observation. Pour en tirer parti, il existe quelques règles d'or :

– Procédez par étapes, posez une, deux ou trois questions de temps à autre.

– Choisissez des moments où vous êtes réellement disponible et l'enfant aussi. Il n'est pas question d'annuler une rencontre avec des copains pour l'assaillir de questions.

Dites-lui : «Je vais te poser une (deux, trois) questions et te proposer trois réponses. Tu choisiras celle qui correspond à ta manière de procéder. Fais-moi répéter si tu n'as pas bien compris. Demande-moi une explication si tu ne connais pas un mot.» Précisez qu'il n'existe pas de bonne ou de mauvaise réponse.

1. *Quand quelqu'un prononce le mot «avion»:* a. tu vois l'image d'un avion; b. tu entends le bruit du décollage d'un avion; c. tu vois des personnes montant dans l'avion.

2. *Quand tu demandes ta route à quelqu'un, tu préfères que la personne:* a. te fasse un plan; b. t'explique verbalement : «Vous prenez la deuxième à gauche, puis...»; c. te fasse des gestes.

3. *Quand tu as vu un film (un feuilleton, un dessin animé...) qui t'a plu, tu aimes:* a. revoir les images dans ta tête; b. revivre certains passages que tu mimes dans ta tête. c. le raconter.

4. *En classe, tu comprends mieux quand le professeur:* a. montre un dessin, un croquis; b. fait devant toi un dessin, un croquis; c. explique.

5. *Quand tu as fait la connaissance d'une fille ou d'un garçon, tu te souviens mieux de:* a. son visage; b. sa voix; c. sa façon de marcher, ses gestes.

6. *Tu préfères:* a. la géographie; b. l'histoire; c. les travaux pratiques (en biologie, en physique...).

Au fur et à mesure que vous aurez les réponses, totalisez le nombre de *a*, le nombre de *b*, le nombre de *c* obtenus à l'observation et au dialogue.

□ Donnez-lui des conseils adaptés à sa personnalité

Si les a *l'emportent*

L'enfant est plutôt «photographe». Quelles sont ses caractéristiques?

– Il a besoin d'images pour comprendre et pour retenir. Il assimilera une connaissance en la revoyant. Il aime les professeurs qui montrent des diapositives, des films, qui esquissent un croquis, qui parlent de manière imagée. Il comprend sans difficulté un dessin, un plan, une carte, bref, tous les messages visuels. En revanche, il ne « voit » pas toujours ce que signifient les longues explications verbales. *Il est plus caméra que magnétophone.*

– Il possède une démarche globale, synthétique. Il voit plutôt des ensembles que des détails.

– Il possède une démarche analogique. Il fonctionne par associations d'idées en s'appuyant sur ce qu'il sait déjà.

– Il possède une démarche inductive. Il aime aller du particulier au général, des exemples à la règle.

Comment l'aider

– Conseillez-lui de traduire ce qui est dit ou lu dans son propre langage : le langage des images. Pour lui, un bon croquis vaut mieux qu'un long discours.
– Conseillez-lui de photographier des yeux les mots à retenir, les exemples, la mise en page de son manuel, le plan.
– Conseillez-lui de s'appuyer sur les croquis, les dessins, les schémas. S'il n'en existe pas, qu'il soit son propre illustrateur en réalisant des supports imagés pour lesquels il utilisera des couleurs variées qui frapperont son regard. De plus, ces supports lui permettront, non seulement de visualiser, mais de regrouper les informations.
– Dites-lui de commencer par prendre une vue d'ensemble de la leçon abordée comme s'il survolait un paysage d'avion, c'est-à-dire de parcourir les titres, les intertitres..., avant d'entamer la lecture à proprement parler.
– Pour qu'il comprenne une notion nouvelle, conseillez-lui d'avoir recours à des procédés qui lui permettent de créer des liens entre le connu et l'inconnu. Pour ce faire, faites-lui effectuer des comparaisons (« c'est pareil », « c'est différent »...), des rapprochements (« cela ressemble à », « cela fait penser à »...).
– Conseillez-lui de lire d'abord les exemples avant de prendre connaissance de la règle, de la définition. C'est à partir des exemples qu'il parviendra à saisir la notion.
Conseillez-lui de partir du concret.

Si les b *l'emportent*

Pour simplifier, nous appellerons cet enfant un « parolier ». Quelles sont ses caractéristiques ?

– Il a besoin de mots pour comprendre. Pour assimiler une connaissance, il la redira à voix haute ou mentalement. Il apprécie les professeurs, les personnes qui fournissent de nombreuses explications transmises oralement. Il aime poser des questions, dialoguer, exprimer ses idées. Il est souvent à l'aise avec le par-cœur : il apprend facilement un poème, une citation, un théorème, une date, une règle... En revanche, un croquis, une carte, une figure géométrique... ne lui disent rien. Il peut alors éprouver des difficultés lorsqu'il devra exploiter un message visuel. *Il est plus magnétophone que caméra.*

– Il possède une démarche analytique. Il aime traiter les informations une par une, méthodiquement.

– Il possède une démarche logique. Rationnel, il veut connaître le pourquoi des choses.

– Il possède une démarche déductive. Il aime aller du général au particulier.

Comment l'aider?

– Conseillez-lui de transformer les messages visuels dans son propre langage : le langage des mots. Qu'il décrive le croquis, la carte, le graphique, la figure géométrique... comme s'il voulait les présenter à quelqu'un qui a un bandeau sur les yeux. Bref, il est essentiel pour lui de convertir en paroles ce qu'il voit.
– Conseillez-lui de commenter ce qu'il découvre, d'argumenter, de déployer les idées.
– En présence d'un support qui regroupe différentes informations (dessin, carte, croquis...), conseillez-lui de procéder de manière systématique : de haut en bas, de gauche à droite, du nord au sud, d'est en ouest...
– Pour relater un événement, conseillez-lui de suivre un circuit chronologique : d'abord, ensuite, enfin...
– Conseillez-lui de mettre en évidence les relations de cause à effet, de souligner les différentes étapes du récit, de la démonstration.
– Conseillez-lui de partir de la règle, de la définition... avant de passer aux exemples, aux applications. Toutefois, pour que les exemples retiennent son attention, il est important qu'il les commente, qu'il les fasse parler. Dans le cas contraire, la notion resterait abstraite et ne pourrait guère être réinvestie dans des cas de figure proches. C'est le cas de l'élève qui peut réciter une règle de grammaire mais ne peut l'appliquer.

Si les c l'emportent

Pour simplifier, nous appellerons cet enfant un « réalisateur ». Quelles sont ses caractéristiques?

L'enfant réalisateur est proche de l'enfant photographe : il aime les illustrations, les comparaisons, les exemples, mais il présente une particularité supplémentaire : il a besoin d'expérimenter, de manipuler, de toucher, de réaliser. Pour lui, l'action est nécessaire pour parvenir à la compréhension.

Comment l'aider?

Vous pouvez lui conseiller d'utiliser les mêmes procédés que l'enfant photographe en veillant à ce qu'il soit amené à manipuler, toucher, expérimenter. Si la situation ne s'y prête pas, il peut commencer par faire un exercice. Dans ce dernier cas, il aura plus naturellement recours aux explications fournies parce qu'il en saisira l'intérêt.

Toutes les démarches suggérées s'appliquent à toutes les disciplines.

□ Pensez aussi à...

Il est indispensable, surtout au début, non seulement de conseiller à l'enfant de procéder de telle ou telle manière, mais de lui montrer la marche à suivre en l'utilisant vous-même devant lui. Bien que vous soyez sa mère ou son père, il est très possible que cela ne corresponde pas à votre manière de faire. C'est normal, les enfants n'ont pas toujours le même profil d'apprentissage que leurs parents. De plus, il est courant que la mère n'ait pas le même profil que le père : leurs personnalités sont complémentaires. Une fois n'est pas coutume, changez vos habitudes, vous serez surpris(e) du résultat, votre enfant aussi.

Chaque fois que vous aurez repéré le procédé qui semble convenir à l'enfant dans une situation, vous pourrez lui suggérer : « Et si tu faisais la même chose plus souvent? » Il est courant qu'il comprenne un récit parce qu'il se crée des images mentales en le lisant, mais qu'il ne pense pas du tout à se forger des images face à un autre type de texte, par exemple un texte explicatif tel que ceux qui figurent dans tous les manuels, quelle que soit la discipline. Aider l'enfant à prendre conscience que des déplacements de méthode sont réalisables d'un domaine à l'autre est souvent, pour lui, une découverte qui ouvre la voie vers de rapides progrès.

Pour toutes les activités proposées dans les différents chapitres, demandez-lui ce qui l'a mis sur la voie, ce qui lui a permis de répondre, même et surtout si la réponse est fausse.

Il est important que vous communiquiez à l'enfant ce que vous avez découvert. Parlez-lui de son canal préféré et montrez-lui qu'il en existe d'autres. Expliquez-lui brièvement les spécificités du photographe, du réalisateur et du parolier.

Activités

☐ Comprendre une définition

Voici le genre de définition que l'on peut trouver dans un livre de grammaire ou de textes dès la 6e :

> L'attribut indique une qualité, une caractéristique du sujet. On le trouve après un verbe d'état : *être, paraître, sembler, devenir, demeurer, rester, passer pour, avoir l'air de*. Exemple : *Cet enfant semble joyeux.*

L'enfant parolier pourra commencer par lire la définition et la commenter. Par exemple, il se dira : «Pour désigner une qualité ou une particularité de quelqu'un ou de quelque chose, on utilise un mot, ce mot est considéré comme un attribut. La qualité peut sans doute être positive comme *joyeux* ou négative comme *triste*. Ce qui est certain, c'est qu'elle permet de mieux connaître le sujet. Il est donc important de l'indiquer. Cet attribut est utilisé avec un verbe d'état, c'est-à-dire un verbe qui montre l'état mais qui ne désigne pas une action.

Il se reportera ensuite à l'exemple. Il le fera parler : «Joyeux est une caractéristique de enfant, on dit que joyeux est l'attribut de enfant. Par suite, fort, timide, courageux, sportif... sont aussi des attributs. Le verbe utilisé est semble, qui est un verbe se rapportant à l'état, il existe d'autres verbes du même type, par exemple, être, paraître. Je ne me souviens plus des autres, je vais vérifier. Ensuite, je répète pour voir si j'ai bien compris.»

L'enfant photographe prendra connaissance de l'exemple en premier lieu. Il essaiera de trouver des phrases proches, bâties sur le même modèle : *La mer semble agitée, Le lion semble féroce...*

Il lira ensuite la définition et verra que *semble* est un verbe d'état et qu'il n'est pas le seul. Il essaiera de trouver une phrase avec chacun des verbes proposés. Il fera en sorte que la définition soit présentée de manière plus visuelle en attribuant des couleurs à l'attribut et au verbe, en utilisant des flèches. À l'aide de son croquis, il assimilera la définition :

L'enfant	semble	joyeux
↑	↑	↑
sujet	verbe d'état	attribut du sujet « l'enfant »

L'enfant réalisateur aura recours aux mêmes stratégies que le photographe, mais il se reportera ensuite à un exercice et l'effectuera. Cette activité l'aidera à comprendre.

□ Comprendre une notion mathématique

Voici le genre d'explication que l'on peut trouver dans un manuel de mathématiques de 6e :

Comment calculer le périmètre et l'aire d'un rectangle

– Pour calculer le périmètre d'un rectangle, on ajoute la longueur à la largeur et on multiplie par 2.
Exemple : *Si un rectangle mesure 3 cm de longueur sur 2 cm de largeur, son périmètre est* $(3 + 2) \times 2 = 10$ *cm.*
– Pour calculer l'aire d'un rectangle, on multiplie la longueur par la largeur du rectangle.
Exemple : *Si un rectangle mesure 3 cm de longueur et 2 cm de largeur, l'aire est de* $3 \times 2 = 6$ *cm.*

Avant de commencer à apprendre, conseillez à l'enfant de vérifier les mots essentiels ; par exemple, ici, *rectangle, périmètre* et *aire.*

L'enfant parolier pourra commencer par lire la règle et la commentera : «Un rectangle a 4 côtés et les côtés sont égaux 2 par 2. Si je veux connaître le périmètre d'un rectangle, j'additionne la longueur et la largeur; je multiplie le résultat obtenu par 2 et j'obtiens le résultat. Bon, je répète...»

Il passera ensuite à l'exemple et le commentera également : «Un rectangle qui mesure 3cm de longueur et 2cm de largeur a un périmètre de 3 + 2 = 5, je multiplie 5 par 2, j'obtiens 10. Le périmètre du rectangle est donc de 10cm.»

Il effectuera le même travail pour l'aire. Le secret, pour lui, consiste à «faire parler» règle et exemple, à établir des relations de cause à effet en utilisant des mots de liaison : (donc...), bref, en raisonnant.

Pour l'enfant photographe, il est préférable de regarder l'exemple en premier et de le présenter de manière plus visuelle avec des flèches, des couleurs :

J'imagine un rectangle de 3cm de longueur sur 2cm de largeur. Son périmètre est :

$$\boxed{3 + 2 = 5} \quad \boxed{5 \times 2 = 10}$$

En gardant présente à l'esprit l'image de l'exemple, il lira la règle qui ne présentera plus de difficulté. Si, d'emblée, il avait lu la règle, trop verbale pour lui, il aurait sans doute moins facilement compris. La stratégie, pour lui, consiste à rendre plus visuel le message en recourant à tous les artifices typographiques : couleurs, soulignements, surlignements... Il effectuera le même travail pour l'aire.

Quant à l'enfant réalisateur, il pourra avoir recours aux mêmes procédés que le photographe, mais, pour s'approprier la notion, il lui sera utile de dessiner le rectangle, de trouver d'autres exemples, voire d'effectuer le premier exercice.

Tant pour la définition que pour la notion mathématique, chaque enfant a utilisé les démarches correspondant à son style d'apprentissage. Les photographes ont pu visualiser et avoir recours à une démarche inductive. Les paroliers ont déployé, développé avec des mots ce qu'ils découvraient et ont eu recours à une démarche déductive. Les réalisateurs ont vu, puis agi. En ayant recours à leur démarche préférentielle, ils ont compris ce qui leur était expliqué. Dans le cas contraire, les paroliers s'en seraient peut-être tirés sans mal, mais les photographes et les réalisateurs auraient rencontré des difficultés.

Attention, pas d'interprétation rapide !

Vous avez mis au jour le style d'apprentissage préféré de votre enfant. Cela ne signifie nullement qu'il doive se cantonner aux stratégies correspondant à son style. S'il est important de partir de ses démarches préférentielles pour aborder une tâche délicate, il n'est pas moins important de lui faire découvrir d'autres démarches. Vous êtes en présence d'un enfant qui, comme tous les enfants, est un enfant « ping-pong » et non un enfant « ping » ou « pong ». Tout le monde a à sa disposition toutes les possibilités. Il serait dommage de ne pas en tirer parti. Suggérez-lui d'avoir recours à de nouveaux procédés, sa panoplie en sera enrichie.

Utiliser tout son cerveau en variant les stratégies selon la nature du travail :

Autres temps, autres méthodes

Certains parents se heurtent, lorsqu'ils veulent aider leur enfant, à des mots qui n'étaient pas employés « de leur temps ». La terminologie, comme la mode, varie en effet au fil des années. Dans ce cas, vous pouvez ne pas comprendre la consigne d'un exercice. Rassurez-vous, l'exercice fait forcément appel à une notion découverte en classe. Cette notion est expliquée dans le manuel ou dans le cahier. Jetez-y un coup d'œil.
La manière de résoudre une équation, de poser une règle de trois... n'est pas toujours celle que nous avons connue (heureusement, le résultat est identique...). Dès que vous commencez à expliquer, l'enfant ou l'ado s'écrie, indigné : « Mais non, le professeur ne fait pas comme ça ! » Ne baissez pas les bras, là encore le manuel ou le cahier vous donneront la clé de l'énigme.

– permet de faire face à toutes les situations;

– permet une meilleure compréhension et une meilleure mémorisation. Il a été prouvé que, plus les voies d'accès à l'information sont nombreuses, plus les acquisitions sont solides;

– permet de découvrir de nouvelles ressources et, ainsi, d'exploiter pleinement son potentiel intellectuel et... de s'épanouir.

L'observation et le dialogue vous ont permis de dresser le portrait intellectuel de votre enfant à un moment donné de sa vie. Ce portrait est toujours susceptible d'évoluer avec l'âge et les circonstances. Il n'est donc pas question de le cataloguer dans une catégorie – à plus forte raison à l'adolescence, où la personnalité est en pleine évolution et fluctue.

Une difficulté peut en cacher une autre

Il se peut qu'un collégien semble incapable d'effectuer un exercice de grammaire, un problème de mathématiques..., non pas parce qu'il ne comprend pas la notion mise en jeu dans l'exercice ou le problème, mais parce qu'il ne peut tirer parti de l'énoncé, du texte, en raison d'une lecture non maîtrisée.

Quand vous pensez être en présence de cette situation, lisez l'énoncé et/ou le texte à voix haute. Si, dans ce cas, il sait accomplir la tâche, la difficulté se situe au niveau de la lecture et non au niveau de la compréhension... Il est vraiment dommage qu'un élève soit catalogué comme «nul en mathématiques», alors qu'il n'éprouve, en réalité, aucune difficulté particulière dans cette discipline, mais n'est pas en possession d'une lecture aisée. Pour pallier cette situation, reportez-vous au chapitre 5.

Un enseignement qui réussit à certains élèves, mais pas à tous

Vous avez pu constater que les voies d'accès à la compréhension sont variées. Or, en classe, les connaissances sont presque toujours délivrées de la même manière. Le professeur explique le savoir à acquérir avec des mots, étape par étape ; il donne ensuite un ou deux exemples, en général fournis par le manuel ; la séquence se termine par des exercices. Si ce déroulement convient aux enfants paroliers (40 % environ), il n'en est pas de même pour les enfants photographes (40 % environ) ou réalisateurs (20 % environ).

Deux cas de figure peuvent se présenter. Certains enfants photographes ou réalisateurs transposeront ce qu'ils ont entendu sous la forme qui correspond à leur mode de pensée. Ils ne sont pas plus « intelligents », mais, un jour, quelqu'un leur a donné l'idée de procéder ainsi. Ils rencontreront peut-être quelques difficultés mais ils sortiront leur épingle du jeu. Les autres, hélas, seront toujours en porte-à-faux, ils risquent de multiplier les échecs, de redoubler sans réussir pour autant. Pourquoi comprendraient-ils la deuxième année si les explications restent identiques ?

De nombreux pédagogues dont le nom est resté célèbre (Freinet, Maria Montessori...) ont milité pour transformer les méthodes d'enseignement. Ces méthodes ont même parfois été préconisées dans les instructions officielles. Mais, sans « modèle », avec des manuels qui suivent le schéma classique : explications, exemples, exercices, de nombreux enseignants redoutent de s'engager dans une impasse. Lors des journées de formation, ils semblent tout à fait convaincus de la nécessité de faire évoluer leur conduite de classe, mais, une fois de retour dans leur établissement, ils reprennent souvent leurs habitudes.

Il n'est nullement question de renier l'enseignement traditionnel, 40 % des élèves y trouvent leur compte (c'est quand même peu...), mais de varier les démarches : dire, montrer, conduire les élèves, grâce à des exemples, à découvrir par eux-mêmes la notion mise en jeu dans la séquence. La prise en compte de ces stratégies permettrait de s'adresser à tous les collégiens, quels que soient leurs profils. L'utilisation d'une approche variée, d'une présentation dans un double langage permet de s'adresser à tous et, par suite, évite l'écueil d'obliger les élèves à fonctionner selon un mode qui n'a rien à voir avec leur style d'apprentissage. Cela ne prend pas plus de temps que de réexpliquer ce qui n'a pas été compris ; de plus, l'efficacité est meilleure. Reprendre sous la même forme est, en effet, souvent inefficace.

Témoignage

J'ai souvent rencontré des élèves qui semblaient perdus en classe. Ils écoutaient le professeur, mais, l'heure terminée, ils n'avaient pas retenu grand-chose. Chaque fois que l'opportunité s'est présentée, j'ai eu un entretien avec eux. Mon but était d'identifier leurs démarches. Pour ce faire, je ne leur parlais pas d'activités scolaires mais de leurs loisirs. Quand j'avais trouvé leur distraction préférée, je les interrogeais plus longuement sur la manière dont ils vivaient cette distraction.

Un jour, j'ai reçu un élève de 3e, apparemment peu disposé à me rencontrer : il était sans doute persuadé que j'allais lui parler de ses résultats scolaires. Son attitude trahissait sa pensée : il semblait lointain, décidé à dialoguer le moins possible. Mis en confiance, cet adolescent a déclaré qu'il n'était intéressé que par le rugby et les matches qu'il «dévorait» à la télévision. Je lui ai demandé s'il se souvenait dans quelle circonstance avait été marqué le but décisif lors d'une récente compétition. D'un seul coup, il s'est transformé, il m'a expliqué avec de nombreux détails la position des joueurs. Sa mémoire était surprenante, il paraissait avoir photographié la scène avec une précision minutieuse. J'ai admiré sa performance et lui ai suggéré de s'appuyer sur ce qu'il voyait pour comprendre et mémoriser en cours ou en présence d'un manuel. Il n'a pas rejeté ma proposition et l'a même utilisée. Ses résultats se sont très vite améliorés.

Ce cas est loin d'être isolé. Dès que l'on peut mettre au jour un procédé qui réussit à un élève, quel que soit le domaine, il suffit de lui en faire prendre conscience et de lui suggérer d'avoir recours à la même stratégie en classe ou chez lui quand il apprend une leçon ou fait un exercice.

Pour aller plus loin

Les distinctions entre les différents styles d'apprentissage s'expliquent en partie par la division du cerveau en deux parties ou hémisphères. Ces deux hémisphères, en apparence identiques, ont chacun leur spécificité.

Deux hémisphères cérébraux, deux modes de pensée

L'hémisphère gauche gère la parole. C'est lui qui nous permet de décrire un objet ou une situation avec des mots. Lorsqu'une personne a une lésion de l'hémisphère gauche, elle éprouve des difficultés à articuler, parle en style télégraphique, voire ne peut prononcer qu'un seul mot.

L'hémisphère droit, lui, gère les images, l'espace. Son mode de représentation est visuel et non verbal. Il imagine facilement un plan, un itinéraire. Lorsqu'une personne a une lésion de l'hémisphère droit, elle présente des troubles de l'orientation spatiale, elle dessine avec peine, ne reconnaît pas les visages, les lieux.

L'hémisphère gauche a une approche analytique : il traite les données pas à pas. Pour comprendre les informations, il procède étape par étape. Il a le souci d'agir méthodiquement selon un plan prévu et organisé. Il a le goût des détails plus que de l'ensemble : il s'intéresse aux arbres au détriment de la forêt.

L'hémisphère droit, lui, a une approche synthétique. Alors que l'hémisphère gauche sépare les éléments, l'hémisphère droit les combine pour créer un ensemble. Sa perception est globale et il traite plusieurs informations en même temps. Plutôt que les différences, il voit les ressemblances, les liens, les associations et construit des structures. Il voit la forêt plutôt que les arbres.

L'hémisphère gauche est le domaine de la logique, du raisonnement. Il s'appuie sur les faits qu'il a analysés pour en tirer des conclusions : sa démarche est déductive.

Si l'hémisphère gauche est logique et fait une chose à la fois, l'hémisphère droit est plutôt intuitif, analogique. Pour comprendre une nouvelle donnée, il s'appuie sur ce qu'il sait déjà. Sa démarche est inductive. De par son aptitude à identifier des ensembles, à établir des relations, il semble vraisemblable que l'hémisphère droit soit la source de l'intuition créatrice, de l'imagination.

Si l'hémisphère gauche était une chose, il serait une calculette, un dictionnaire, un magnétophone. S'il était un détective, il serait Hercule Poirot.
Si l'hémisphère droit était une chose, il serait un tableau, une caméra, un plan. S'il était un détective, il serait Colombo, Maigret.

Deux hémisphères en interaction constante

Les deux hémisphères représentent deux manières d'appréhender le monde et les autres : le mode gauche et le mode droit. Il existe une différence fondamentale, confirmée par des tests, dans la façon dont chaque hémisphère perçoit les choses.

Spécialisation ne signifie nullement séparation. Les deux hémisphères ne travaillent pas indépendamment l'un de l'autre mais en complémentarité. Toute activité cérébrale est totale et nécessite la collaboration des deux parties du cerveau. Hémisphère gauche et hémisphère droit sont indispensables pour penser efficacement. C'est leur interaction qui permet à l'homme d'utiliser toutes ses facultés et de s'adapter. Dans tout travail, il existe une étape ou plus... où l'apport de l'hémisphère droit est essentiel. Ainsi, pour effectuer sans tâtonnement le montage d'une chaîne stéréo à partir d'une notice, par exemple, vous devez avoir recours aux schémas et aux explications écrites. Les deux types d'explication se complètent, mobilisant tour à tour hémisphère droit (les schémas) et hémisphère gauche (le texte), les deux hémisphères se relayant. Il en est de même pour toutes les opérations mentales.

Chacun a une préférence cérébrale plus ou moins marquée

Bien que les deux hémisphères ne fonctionnent pas séparément, nous avons recours, en priorité, à l'un d'entre eux dans une situation donnée. Certains passent plus facilement d'un hémisphère à l'autre selon les besoins. D'autres sont plus marqués par une préférence cérébrale. Cette dernière provient autant de l'acquis (éducation, expérience, culture) que de la nature (inné, hérédité). La communication est évidemment meilleure lorsque les interlocuteurs ont le même type d'approche.

Styles d'apprentissage et préférence cérébrale

Les styles d'apprentissage dégagés au début de ce chapitre semblent en liaison directe avec la préférence cérébrale. Les enfants photographes ou réalisateurs utilisent en priorité l'hémisphère droit, les enfants paroliers l'hémisphère gauche. C'est parce que les stratégies non verbales relèvent de l'hémisphère droit que l'on peut rattacher les enfants réalisateurs, pour qui la compréhension passe par l'action, à cet hémisphère.

3

« Doit apprendre ses cours »

Sur le même registre, vous trouverez : « Les leçons ne sont pas sues », « Doit faire travailler sa mémoire », « Les contrôles montrent que les leçons ne sont pas apprises ».

Qu'est-ce que cela veut dire ?

Une chose est certaine : le collégien ne sait pas ses leçons lorsqu'il est en classe. En revanche, rien ne permet d'affirmer qu'il ne les a pas apprises. Pour progresser, le moyen le plus efficace consiste à lui communiquer les règles de la mémoire. La consigne « Apprenez... » sans aucune explication n'indique pas ce qu'il faut faire. Comme tous les gestes fondamentaux concernant les procédés à mettre en œuvre pour parvenir à un but, l'apprentissage reste du domaine de l'implicite. Il n'est pas surprenant que les connaissances soient retenues un bref laps de temps, mais restent fragiles, vite dispersées dans l'oubli. À vous de lui faire découvrir comment fonctionne la mémoire, comment fonctionne sa mémoire. Il sera alors prêt à apprendre et à... retenir de manière efficace. Contrairement à une opinion répandue, la mémoire s'acquiert, se cultive et n'est pas un don réservé à quelques élus. Ceux qui pensent « ne pas avoir de mémoire » se trompent. Il leur faut simplement connaître les stratégies à employer, les erreurs à éviter.

Les objectifs de ce chapitre expliqués à l'enfant

Voici une proposition pour lui faire comprendre le but du travail proposé. N'hésitez pas à l'adapter selon sa personnalité et ses réactions. Dites-lui en substance : « Il t'est quelquefois arrivé d'apprendre une leçon mais d'être déçu par tes résultats. Au moment de l'interrogation ou du contrôle, tes souvenirs semblaient s'être envolés. Tu as peut-être pensé : "Je n'ai pas une bonne mémoire." C'est faux. Simplement, personne ne t'a jamais expliqué comment fonctionne ta mémoire. Tu vas découvrir les secrets des personnes qui ont une mémoire d'éléphant ! »

Comment l'aider à apprendre

Mémoriser, c'est-à-dire assimiler des concepts nouveaux, représente l'activité centrale des élèves. Les découvertes des chercheurs en neurosciences ont levé le voile, elles permettent désormais de connaître les processus sous-jacents à l'apprentissage. Pourquoi certaines connaissances sont-elles retenues pendant un temps très court ? Pourquoi d'autres sont-elles retenues sur des durées plus longues, voire toute une existence ? C'est évidemment la question essentielle à laquelle ce chapitre se propose de répondre. Il s'agit de dégager les facteurs qui favorisent une mémorisation efficace, donc durable.

Précisons que les spécialistes distinguent généralement deux niveaux de mémoire :

– Le premier niveau, la mémoire immédiate, encore appelée mémoire de travail, conserve nos souvenirs quelques secondes. C'est notre mémoire immédiate qui nous permet de trouver la page d'un article dans une encyclopédie en fonction des indications fournies par le sommaire ou l'index peu avant. Cette mémoire est limitée non seulement sur le plan de la durée, mais aussi sur le plan de la capacité. Au-delà de sept éléments, il faut, pour que de nouvelles informations soient prises en compte, que les données précédemment stockées disparaissent, soit par le processus de l'oubli, soit par le passage dans le deuxième niveau de mémoire, la mémoire à long terme.

– Le second niveau constitue la mémoire à moyen ou long terme. Celle-ci fonctionne sur des durées beaucoup plus longues : de quelques heures à une vie entière. Elle possède, en outre, une capacité quasi illimitée[1]. C'est cette mémoire que nous allons étudier.

Expériences

Ces deux expériences ont pour but de faire prendre conscience des lois qui régissent la mémoire. Vous pouvez les faire vous-même, mais proposez-les aussi à l'enfant. Une preuve vaut mieux qu'un conseil.

Gardez vos réponses. Effectuez les deux expériences à la suite. Il est normal que vous ne retrouviez pas tous les mots.

1. a. Lisez la série de mots n° 1 une seule fois sans revenir en arrière. Cachez-la et notez les mots retenus dans l'ordre qui vous convient.

b. Procédez de même pour la série n° 2.

c. Comparez le nombre de mots retenus pour chaque série.

Série 1 : guitare – piano – catalogue – violon – magazine – journal – publication – tambour – quotidien – annuaire – tambour – encyclopédie – harmonica – dictionnaire – flûte – guitare – revue – livre – violoncelle – prospectus.

Série 2 : table – magasin – vase – cuir – espoir – maison – été – siège – raisin – grenier – marche – colère – rocher – carrefour – paix – peinture – sujet – auditeur – cabane.

2. a. Lisez la liste 1 une seule fois sans revenir en arrière. Cachez-la. Notez les mots retenus.

b. Procédez de même pour la liste 2.

c. Comparez le nombre de mots retenus pour chaque liste.

1. Certains auteurs pensent qu'entre ces deux mémoires, il existe une mémoire intermédiaire dont la durée serait de vingt minutes environ.

Liste 1		Liste 2	
parfois	penser	dormir	courir
cacher	ensemble	lit	autobus
souple	proposer	se réveiller	travailler
éléphant	hasard	se lever	écrire
base	raison	s'habiller	récréation
ensemble	programme	déjeuner	leçon
point	branche	partir	devoir

La mémoire a ses lois

□ La mémoire a besoin d'avoir un projet

Nous nous souvenons mieux de ce qui est susceptible de nous servir. Un pédagogue célèbre, Antoine de la Garanderie, estime que, sans projet, l'apprentissage ne se réalise pas[1]. Un enfant qui estime ne pas avoir de mémoire est souvent celui qui n'a pas l'intention de réutiliser ses connaissances.

Chacun d'entre nous a sans doute rencontré un élève apparemment incapable de retenir la moindre règle de grammaire ou la moindre définition. À la fin de l'année, cet élève joue le rôle principal dans une pièce de théâtre. Surprise pour tous : il connaît parfaitement son texte, pourtant très étoffé. Ses résultats scolaires ne sont donc pas la conséquence d'une mémoire défaillante, mais d'un manque d'implication, peut-être parce que, marqué par un échec, cet élève n'a jamais joué le rôle de son choix…

Dire à l'enfant : «Si tu ne travailles pas en classe, tu ne réussiras jamais dans la vie», «Si tu veux être bon en classe, apprends tes leçons» sont des recommandations inefficaces. Ces projets, trop vagues, n'éveillent aucun écho chez lui et n'indiquent pas concrètement ce qu'il faut faire pour réussir. Essayez plutôt de lui fixer un but proche et réaliste, par exemple retenir une courte leçon, et montrez-lui, à l'aide des conseils de ce chapitre, comment devenir un élève qui a «beaucoup de mémoire». De plus, mettez en évidence l'intérêt d'accomplir cet effort. Très souvent, les connaissances acquises en classe sont déconnectées de la vie. L'enfant en arrive très vite à l'idée

1. A. de la Garanderie, *Les Profils pédagogiques : discerner les aptitudes scolaires*, Bayard-Centurion, 1980.

que l'école et la vie sont deux univers séparés : ce qui est étudié au collège n'a aucune utilité dans la vie. Aussi, chaque fois que vous en avez la possibilité, faites participer votre fille ou votre fils à des tâches qui nécessitent le recours à des notions apprises en classe. Les occasions ne manquent pas.

Par ailleurs, chacun s'accorde à reconnaître que la motivation joue un grand rôle dans la réussite. C'est tout à fait exact. Mais comment l'enfant peut-il être motivé si, à la suite de quelques échecs, il a une image négative de lui-même? Dans le domaine concerné, l'apprentissage, il est indispensable, preuves à l'appui, de lui montrer qu'il est capable de retenir et de réciter une leçon en classe. Dès qu'il aura, à partir d'un premier succès, repris confiance en lui, il ne se verra plus bafouillant ou cherchant vainement dans sa mémoire ce dont il a besoin pour répondre aux questions ou pour mener à bien son contrôle.

De même, lui conseiller de «lire attentivement sa leçon» est une recommandation qui ne sert pas à grand-chose, car elle n'indique pas le geste mental à accomplir. Le parolier se répète : «Je dois être attentif, je dois être attentif...» Le photographe et le réalisateur se voient les bras croisés, les sourcils froncés, mais aucun d'entre deux n'est ouvert au message. Tout change si vous indiquez à l'enfant de lire avec le projet de retrouver le contenu de ce qu'il a lu. Dans ce but, vous pourrez lui recommander de se tester. À l'issue de la lecture, texte à l'écart, faites-lui prendre l'habitude de se remémorer ce dont il vient de prendre connaissance. Selon sa personnalité, l'évocation s'effectuera :

– en re-disant dans sa tête ou à haute voix (les paroliers, voir chapitre 2, p. 34);

– en re-voyant sous forme d'images (les photographes, voir chapitre 2, p. 33);

– en écrivant, en dessinant... (les réalisateurs, voir chapitre 2, p. 36).

L'évocation est essentielle. Elle permet de s'approprier ce qui a été lu : nous retenons mieux ce qui nous appartient que ce qui appartient à autrui.

Il est évidemment indispensable ensuite de vérifier si l'évocation est exacte et complète. L'enfant sera invité à revenir au texte et, si besoin est, il rectifiera, complétera. Dans le cas où vous êtes présent, la vérification se fera par les questions que vous lui poserez ou, simplement, en lui demandant de vous dire ce qu'il a retenu. À l'issue d'une première lecture, il est tout à fait normal que des lacunes apparaissent. Toutefois, ces dernières seront plus faciles à combler si elles ont été mises au jour.

☐ **La mémoire a peur du stress**

Il est sans doute arrivé à votre enfant de savoir sa leçon ou son cours à la maison ; vous en êtes témoin, vous l'avez interrogé. Surprise, en classe, les souvenirs semblent s'être envolés, il est incapable de retrouver ses connaissances. Cette situation, fréquente, peut être surmontée.

Deux chercheurs californiens ont trouvé une explication à ce phénomène en pratiquant une expérience avec des amateurs de plongée sous-marine. Ils leur ont demandé d'apprendre et de se rappeler des listes de mots sous l'eau et en surface. Lorsque l'apprentissage et les tests sont effectués dans le même environnement, le rappel a été d'environ 40 % supérieur à ce qu'il est lorsque l'apprentissage et les tests sont opérés dans un environnement différent. Cela montre à quel point une connaissance acquise dans un certain contexte est mieux restituée dans ce même contexte.

Très souvent, l'enfant apprend chez lui, dans un contexte sécurisant, son contexte. Lorsqu'il est interrogé en classe, le regard du professeur, celui des autres élèves le déstabilisent. La feuille blanche sur laquelle il doit répondre lui paraît menaçante. C'est le trou de mémoire. Pour éviter cet écueil, il est important qu'il se mette en situation de restitution au moment où il apprend. Conseillez-lui de vivre mentalement la situation de la récitation, de l'interrogation : imaginer les questions qui pourraient être posées, esquisser les réponses. Il s'agit de se représenter la scène de la restitution et de jouer le rôle de celui qui sait. Peu à peu, grâce à ce stratagème, il apprivoisera la situation. Sa mémoire sera rassurée, donc plus disponible.

Bref, avoir un projet stimule le cerveau, le prépare à un état de réceptivité maximale et à une véritable participation. Finaliser les informations, c'est activer les neurones.

En outre, il est certain que nous retenons mieux, soit ce qui nous intéresse (tel sujet, telle matière...), soit ce qui nous touche (la date de naissance d'un proche plutôt que celle d'un homme d'État, même célèbre). La mémoire a tendance à mettre à l'écart ce qui ne lui plaît pas.

□ La mémoire ne retient que ce qu'elle comprend

Pas de mémorisation sans compréhension. Avant de commencer à apprendre, conseillez à l'enfant de s'assurer, éventuellement à l'aide de son manuel ou de son dictionnaire, qu'il connaît tous les mots obscurs, toutes les notions abordées. Des recherches[1] ont mis en évidence que le rappel est plus facile lorsque la connaissance a été traitée en profondeur. En d'autres termes, un cours ou une leçon bien compris est déjà en partie assimilé.

□ La mémoire a besoin d'organiser

Quels sont vos scores et celui de votre enfant à l'expérience n° 1 (p. 49) ? Vous avez sans doute restitué un plus grand nombre de mots de la série 2. Vous avez sans doute compris pourquoi. Les mots de la série 1 appartiennent à des domaines divers, ceux de la série 2 appartiennent à deux grandes catégories : instruments de musique et types d'écrits. Cela signifie que la mémoire n'accumule pas aveuglément les connaissances, elle cherche inconsciemment à les classer. Vous avez d'ailleurs probablement regroupé les mots à retenir par catégories.

La mémoire retient, en effet, des ensembles organisés et non des faits disparates. Pouvoir classer est une des conditions de son fonctionnement. Dans le cas contraire, les collégiens ressentent une impression d'accumulation et d'éparpillement. C'est ce qui se passe chez celui qui « bachote ». Il impose à sa mémoire d'ingurgiter pêle-mêle des notions sans prendre le temps de chercher à les mettre en ordre. Cet apprentissage donne des résultats décevants : le cerveau rejette dans l'oubli ces informations éparses.

La structure permet une meilleure acquisition, elle permet également un meilleur rappel. Tout comme les livres dans une bibliothèque, les connaissances se retrouvent plus facilement si elles sont rangées dans un ordre connu.

Si votre enfant ou vous-même voulez vous « débarrasser » des leçons en regroupant le travail sur le même jour, attention danger! Pour éviter la saturation, la mémoire pratique une épuration naturelle par l'oubli. L'information entre par une oreille et sort par l'autre... C'est souvent ce qui se passe en classe : il existe un décalage entre la quantité d'informations fournie et la capacité de classement du cerveau.

1. Alan Baddeley, « Les mémoires humaines », *La Recherche*, juillet-août 1994.

L'enseignant devrait doser et réguler le taux de connaissances délivrées afin d'éviter les « embouteillages » et de permettre l'organisation des données à mémoriser.

Pour aider votre enfant, il est important de lui conseiller, pour les cours comportant titres et intertitres, de commencer par lire ces éléments. Il dispose ainsi d'un cadre où les informations peuvent se greffer. Il passera ensuite du général au particulier, descendra vers les détails en les rattachant, en les resituant dans l'armature d'ensemble.

☐ La mémoire a besoin d'établir des liens entre les connaissances

Quels sont vos scores et ceux de votre enfant à l'expérience n° 2 (p. 49) ? Comment les expliquer ? Contrairement à la première liste, la deuxième n'est pas constituée d'une suite aléatoire de mots, mais elle suit un déroulement logique et chronologique (même si nous pouvons déjeuner avant de nous laver…) qui permet d'établir une liaison entre les éléments. L'image classique de la mémoire qui ressemblerait à un magnétophone enregistrant tout ce qu'il entend est une idée erronée qui amène à commettre des erreurs. Apprendre n'est pas un processus passif consistant, comme on l'a cru pendant longtemps, à accumuler paroles et écrits d'autrui. Le savoir ne peut se construire que par une mise en relation des connaissances préexistantes avec la connaissance nouvelle. Si l'information ne trouve nulle part où s'accrocher, elle quitte le cerveau. Une information isolée est une information perdue.

Construction des connaissances par les apprenants

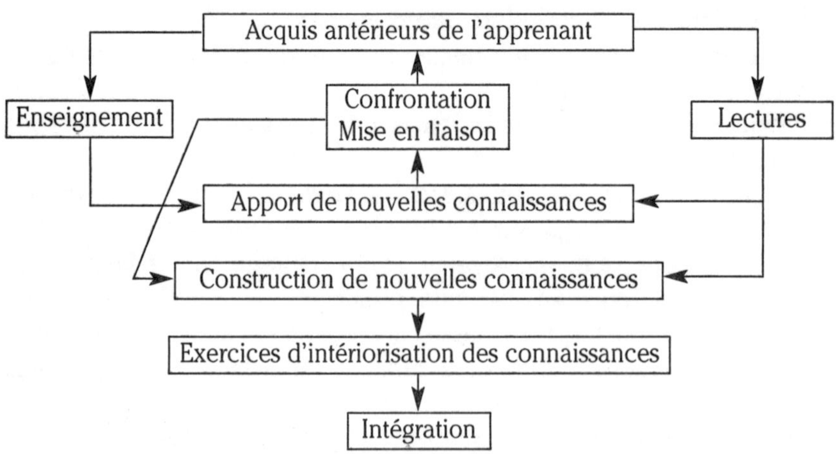

Il est indispensable de prendre conscience que les collégiens, comme toute personne qui apprend, ont besoin, pour intégrer de nouveaux savoirs, de les relier à ce qu'ils connaissent déjà mais aussi de les relier entre eux. D'où l'intérêt de partir du vécu, du connu, de manière à éveiller un écho, une résonance.

Pour faire en sorte qu'il mémorise efficacement l'information, faites-lui prendre l'habitude de :

– rechercher des analogies, des ressemblances, établir des comparaisons, des parallélismes ;

– rechercher des contrastes, des oppositions, des contre-arguments ;

– se demander : qu'est-ce que je sais déjà sur cette question ? qu'est-ce que j'ai vu, lu ou entendu qui s'y rapporte ? à quoi cela me fait-il penser ? est-ce pareil que... ? est-ce différent ?...

En multipliant les liaisons avec les concepts proches, en resituant la notion à acquérir par rapport aux cours précédents, l'enfant sera plus performant. De plus, le rappel s'opérera d'autant mieux que l'information aura été intégrée à d'autres notions, connectée dans un réseau.

☐ La mémoire a besoin de pauses

Les études montrent que la mémorisation diminue inexorablement au fur et à mesure que le temps s'écoule. Il est donc indispensable que l'enfant ou l'ado effectue des pauses. Attention au surdosage ! Si les informations arrivent sans relâche, elles font la queue et, parfois, s'en vont. Au cours des pauses, le cerveau fait un travail de décantation, de structuration, d'association des savoirs préexistants avec les savoirs nouveaux, opération fondamentale comme nous l'avons vu plus haut.

En 6e, la durée d'une phase d'apprentissage ne peut dépasser trente minutes. À partir de la 4e, la séquence peut aller jusqu'à quarante minutes. Plus courte, le collégien n'a pas le temps de saisir un ensemble, il éprouve une sensation d'éparpillement ; plus longue, la saturation le guette. Entre chaque phase, des pauses sont nécessaires. Ces pauses (dix minutes au minimum) devront être de véritables instants de détente.

Je suis toujours effarée (le mot n'est pas trop fort) de constater que certains élèves, soucieux de bien faire, passent leur mercredi et leur samedi à travailler, et ce, dès la classe de 4e. Le collégien qui réussit n'est pas celui qui passe des heures devant son bureau, mais celui qui organise de manière harmonieuse son emploi du temps, celui à qui vous ménagez, à côté des activités scolaires, des activités sportives, culturelles. Il doit aussi lui rester du temps qu'il utilisera à son gré : jeux, rencontres avec des copains ou, simplement, des moments où il pourra laisser vagabonder sa pensée.

□ La mémoire a besoin de réactivations

La mémorisation augmente juste un peu après l'apprentissage, puis décroît rapidement. Dès le lendemain, 80 % des détails sont oubliés. Heureusement, ce qui semblait effacé n'est en réalité que masqué et se retrouve facilement dès qu'on y revient. Selon la difficulté de la matière et l'intérêt que le collégien lui porte, trois à quatre révisions sont nécessaires pour graver les connaissances dans la mémoire à long terme. À chaque révision ou réactivation, l'apprentissage est plus rapide et l'oubli plus lent et moins important.

L'idée de renouveler plusieurs fois l'étude peut décourager votre enfant. Rassurez-le. D'une part, ce qui a fait l'objet d'une première mémorisation se refixe plus vite. Si la première réactivation lui prend dix minutes, la deuxième lui prendra cinq à six minutes, etc. D'autre part, lors des révisions, il n'a pas besoin de relire tout le cours, toute la leçon, mais de s'appuyer sur le plan, de parcourir rapidement les titres, les intertitres, les mots mis en relief par des caractères spéciaux : majuscules, caractères gras…

En tout état de cause, sans réactivation, la mémoire ne peut jouer son rôle. Certains sont persuadés qu'ils n'ont pas de mémoire. En réalité, il n'en est rien. Ces élèves (ou ces adultes…) ignorent simplement qu'une seule impression est inefficace. Cette méconnaissance est d'autant plus préjudiciable que, la mémoire fonctionnant par associations, moins elle contient d'éléments, moins les nouveaux peuvent être enregistrés. Alors qu'à l'inverse, plus nous apprenons, plus nous pouvons apprendre. Les savoirs nouveaux s'accrochent au noyau des connaissances antérieures.

Votre rôle principal consiste à faire connaître la nécessité des révisions, de montrer à l'enfant comment les mettre en œuvre et de lui apprendre à les répartir soigneusement. Un planning hebdomadaire, voire mensuel, pour les élèves de 4e et 3e, peut être établi avec votre aide. Par exemple, si le mardi le collégien sait qu'une interrogation aura lieu le mardi suivant, il pourra procéder de la manière suivante :

– apprentissage le mercredi ou le jeudi ;
– première révision le soir même ;
– deuxième révision le samedi ou le dimanche ;
– troisième révision le lundi.

Il est particulièrement opportun de prévoir une révision à la fin du premier jour afin de laisser au cerveau la possibilité d'agir pendant la nuit. Le sommeil se décompose en une succession de cycles de quatre-vingt-dix minutes environ. Chaque cycle comporte deux phases principales : le sommeil profond et le sommeil paradoxal, temps pendant lequel nous rêvons. Au cours de ce sommeil paradoxal, les cellules cérébrales consolident l'apprentissage en effectuant un travail de classement, de structuration des connaissances acquises pendant la journée. Nous nous reprogrammons, nous nous autovérifions.

Pour mémoriser le vocabulaire dans une langue étrangère, l'enfant pourra tracer quatre à cinq cases par page dans le classeur ou le carnet où il inscrit les mots nouveaux. Il constatera qu'à la quatrième ou à la cinquième réactivation, il connaîtra aussi bien ce mot que son adresse personnelle : il sera gravé dans sa mémoire.

□ La mémoire est multiforme

À chacun des cinq sens est liée une forme de mémoire : mémoire visuelle (la vue), mémoire auditive (l'ouïe), mémoire kinesthésique (le toucher et le mouvement), mémoire gustative (le goût), mémoire olfactive (l'odorat) ; rappelons-nous la madeleine de Marcel Proust. Dans le cadre scolaire, ce sont les trois premières mémoires qui interviennent essentiellement. Alors qu'il existe des zones du cerveau spécifiquement dédiées aux différents sens, il n'en existe aucune où soit localisée la mémoire. La mémoire est répartie dans tout le cerveau. Il serait donc plus exact de parler des mémoires et non de la mémoire.

Par ailleurs, nous avons vu au deuxième chapitre que chaque personne possède une démarche préférentielle pour comprendre, pour apprendre. Certains utilisent en priorité le canal auditif (les paroliers), d'autres le canal visuel (les photographes), d'autres encore le canal kinesthésique, c'est-à-dire la motricité, le mouvement (les réalisateurs). Vous avez pu cerner le canal auquel votre enfant avait recours en priorité. Il est important d'en tenir compte en cas de difficulté dans l'apprentissage afin de solliciter la mémoire privilégiée de l'enfant et de lui donner des conseils adaptés.

À chacun sa méthode

À la question « Qu'est-ce qui vous aide à apprendre ? », j'ai recueilli, de la part d'élèves de 3e, des réponses très diverses. Mais certains ne sont pas conscients du procédé utilisé, ils tâtonnent. Pour eux, il faudrait que le professeur organise des séquences d'élucidation collective, où les démarches employées par chacun seraient mises au jour. Les collégiens, en quête de méthodes, pourraient découvrir celles susceptibles de les aider. Malheureusement, cette activité n'a pratiquement jamais lieu et la consigne « Apprenez » reste du domaine de l'implicite.

Lorsque j'apprends

- je parle à voix haute
- j'écris
- je marche
- j'ai besoin de silence et de solitude
- je mets en relief ce qui est important
- j'utilise des moyens mnémotechniques
- je travaille à plusieurs
- je photographie la présentation
- je fais un schéma
- je résume
- j'écoute de la musique
- je me pose des questions

Ces quelques exemples, dont certains suggèrent des contextes opposés (silence/bruit, etc.), sont la preuve qu'il existe plusieurs façons d'apprendre.

En faisant prendre conscience à l'enfant de sa mémoire préférentielle, vous l'aiderez considérablement dans son apprentissage. Le chapitre 2 pourra servir de base. De plus, vous pouvez lui demander : « Comment fais-tu lorsque tu apprends une leçon ? », « Qu'est-ce qui t'aide ? ». Il sera invité à décrire la manière dont il s'y prend, à expliciter ses démarches. Au début, il sera tenté de dire : « Je l'ai lue », ou : « Je l'ai lue et je me la suis récitée. » Conduisez-le, par de nouvelles questions, à affiner ses réponses.

☐ Comment as-tu lu ?

À voix haute, à voix basse, lentement, rapidement, en entier, paragraphe par paragraphe, une ou plusieurs fois, en écrivant des mots, en dessinant, en griffonnant, en restant immobile, en faisant des gestes, assis, debout, en marchant, etc. ?

☐ Comment as-tu récité ?

À voix haute, à voix basse, dans ta tête, en utilisant les mots de la leçon, avec tes propres mots, d'une seule traite, en revenant souvent au texte, dans l'ordre, dans le désordre, en écrivant, en gribouillant, en faisant des gestes, en imaginant que tu t'adresses à quelqu'un, assis, debout, en marchant, en te posant des questions, en demandant à quelqu'un de te servir d'auditeur, etc. ?

Cette élucidation des procédures permettra de faire surgir de nouvelles possibilités, de perfectionner celles qui sont déjà utilisées. Un collégien a pu rapidement progresser dès qu'il a pris conscience qu'il était possible d'apprendre en marchant, en faisant des gestes. Pour ce réalisateur, l'immobilité physique freinait le processus intellectuel. Or il pensait – vous aussi, sans doute – que, même seul dans sa chambre, il devait rester assis lorsqu'il effectuait une tâche scolaire.

Les causes d'oubli

– La connaissance n'a pas été saisie car elle ne s'adressait pas au style d'apprentissage de l'enfant.
– La connaissance nouvelle n'a pas été connectée aux connaissances antérieures de l'enfant.
– Un blocage émotionnel a empêché la saisie de l'information ou son rappel.
– L'enfant n'avait pas l'intention d'utiliser cette connaissance dans l'avenir, il n'en voyait pas l'intérêt.
– L'enfant n'a pas réactivé ce qu'il a appris.

Prendre en compte la nature de l'apprentissage

Le terme *apprendre* ne revêt pas la même signification selon les disciplines et selon les attentes de l'enseignant. Si l'apprentissage « par cœur » est de mise dans certaines situations, il ne l'est pas dans d'autres.

☐ Apprendre une leçon d'histoire, de géographie, de sciences...

Il s'agit de pouvoir sélectionner les informations qui correspondent aux questions posées et non de réciter «par cœur».

L'enfant est plutôt parolier

Il peut procéder de la manière suivante :

– lire à haute voix les mots nouveaux, les définitions, les dates, les mots mis en relief (couleurs, surlignements...), éventuellement le résumé ;

– faire parler les illustrations, les décrire comme s'il les présentait à quelqu'un qui ne peut pas les voir. Dans un livre d'histoire, de géographie, de sciences, les illustrations sont porteuses d'information au même titre que le texte. Les paroliers ont cependant tendance à les laisser de côté ;

– à l'issue de la lecture, redéployer ce qui a été retenu avec des mots, reconstituer oralement la leçon.

L'enfant est plutôt photographe

Il peut procéder de la manière suivante :

– «photographier» dans sa tête la mise en page du livre, ce qu'il a écrit, ce que le maître a noté au tableau ;

– observer les illustrations : dessins, croquis, schémas... ; en garder l'image mentale ;

– à l'issue de la lecture, évoquer, se rappeler visuellement ce qu'il a retenu.

L'enfant est plutôt réalisateur

Il peut procéder de la manière suivante :

– apprendre en faisant des gestes, en marchant ;

– écrire les mots nouveaux, les définitions, les dates ;

– à l'issue de la lecture, réaliser un dessin, un croquis récapitulant ce qui est retenu.

☐ Apprendre un poème, une fable

Il s'agit, dans ce cas, d'apprendre par cœur, sans changer un mot.

L'enfant est plutôt parolier

Le rythme, les sonorités jouent ici un grand rôle. Il est encore plus indispensable, dans ce cas de figure, de conseiller à l'enfant parolier de lire à voix haute, une première fois en entier, puis phrase par phrase ou strophe par strophe. La récitation se fera elle aussi à voix haute, en jouant sur le ton, l'intonation, les gestes.

L'enfant est plutôt photographe

Là aussi, la première lecture s'effectuera en entier, mais vous conseillerez à l'enfant de se représenter la scène en images. À la fin de sa première lecture, il doit avoir une vue d'ensemble du poème, de la fable. Il se donnera ensuite une représentation visuelle de chaque passage et conservera mentalement chaque «photographie». Pour réciter, il lui suffira de revoir les différentes images en veillant à ce qu'elles soient précises.

L'enfant est plutôt réalisateur

Comme pour le photographe, recommandez-lui de visualiser ce qu'il lit et ce qu'il apprend. Vous l'aiderez également en lui demandant d'esquisser un ou plusieurs dessins représentant l'histoire racontée dans le poème, dans la fable... Lors de la récitation, conseillez-lui de jouer la scène en la mimant. Qu'il s'imagine devant un public. Il conservera le souvenir de ce moment et retrouvera facilement ce qu'il a appris quand il en aura besoin.

Tenir compte du fait que l'enfant est plutôt parolier, photographe ou réalisateur et lui donner des conseils adaptés à sa démarche préférentielle permet de surmonter les difficultés habituellement rencontrées et d'obtenir rapidement des progrès. Toutefois, lorsqu'il abordera avec sérénité une séquence d'apprentissage, conduisez-le progressivement à utiliser toutes les ressources dont il dispose en exploitant les différentes techniques : parler, se réciter mentalement ou à voix haute, visualiser, esquisser un dessin, écrire... Faire appel aux différentes formes de mémoire pour qu'elles se prêtent un appui mutuel constitue le meilleur moyen de disposer de plusieurs voies pour retrouver ses connaissances au moment de l'interrogation, de la mise en pratique, etc.

□ Apprendre l'orthographe d'un mot, apprendre et appliquer une règle de grammaire

Vous savez maintenant comment ne pas commettre de fautes contre la mémoire. Parlez-en à votre enfant. Les repères et les activités qui suivent compléteront le travail[1].

1. Ces apprentissages sont traités au chapitre 7, «De grosses lacunes en orthographe».

Repères

Cette partie récapitule, pour les différents cas de figure, les démarches à suivre pour apprendre efficacement tel ou tel cours. Lorsque votre enfant aura pris conscience des lois de la mémoire, vous pourrez les commenter avec lui, puis lui donner ces quelques repères : il y aura recours lorsqu'il sera seul. Il n'est pas question, évidemment, de les lui donner d'emblée.

☐ Tu apprends une leçon d'histoire, de géographie, de sciences

1. Prends une vue d'ensemble du passage à étudier : parcours les titres, les intertitres, photographie-les et/ou lis-les à voix basse.
2. Lis le passage en entier avec le projet de t'en souvenir.
3. Photographie des yeux les illustrations et/ou décris-les. Écris les mots difficiles.
4. Évoque ce que tu as lu, soit en revoyant, soit en redisant dans ta tête, soit en faisant quelques dessins ou croquis.
5. Vérifie si ton évocation est exacte, complète-la, rectifie-la si besoin est.
6. Joue la scène de la récitation en classe : imagine la salle, prévois les questions de l'enseignant, réponds-y.
7. Révise ta leçon le soir même et deux ou trois fois jusqu'au jour de l'interrogation. Pour cela revois et/ou redis les titres, les intertitres, les mots importants : tu les reconnais parfois à leur « habillement » (caractères gras, majuscules...). En cas de difficulté, relis la partie oubliée.

☐ Tu apprends un poème, une fable

Il s'agit, dans ce cas, d'apprendre par cœur et de pouvoir réciter, sans changer un mot.

Lis d'abord le poème ou la fable en entier pour comprendre l'histoire.

Si tu es parolier

– Lis à voix haute la première phrase, puis essaie de la redire sans regarder le « modèle ».

– Vérifie si tu as retenu de manière précise la phrase que tu viens de réciter; dans le cas contraire, rectifie.

– Renouvelle l'opération : relis la phrase puis redis-la sans modèle. N'hésite pas à déclamer ce que tu récites comme si tu étais devant un public.

– Continue de même pour les autres phrases.

– Relis et redis ensuite les phrases les unes après les autres, fais comme si tu racontais une histoire à quelqu'un. Quand tu ne te souviens plus, demande-toi : «Qu'est-ce qui peut se passer après ce passage ?»

– Entraîne-toi à redire tout le poème comme si tu le récitais en classe : imagine le professeur, tes camarades de classe, prévois ce qu'ils vont dire.

Si tu es photographe

– Représente-toi d'abord l'ensemble de ce que tu as lu dans ta tête.

– Lis une phrase et revois-la dans ta tête, sans regarder le «modèle» : imagine les personnages, le décor.

– Vérifie si ce que tu as vu est exact en revenant au modèle, rectifie si besoin est.

– Renouvelle l'opération : relis la phrase puis revois-la sans modèle.

– Continue de même pour les autres phrases.

– Quand tu as fini toutes les phrases, revois dans ta tête tout le poème comme si tu regardais une série de photographies et, à partir des images vues, retrouve le poème.

– Entraîne-toi à réciter le poème comme si tu étais en classe : tu vois la classe, le professeur, tes camarades, tu te vois à l'aise, l'esprit tranquille.

Si tu es réalisateur

– Revois d'abord dans ta tête l'ensemble de ce que tu as lu, mime-le.

– Lis une phrase et revois-la dans ta tête : imagine les personnages, le décor, les actions, sans regarder le «modèle».

– Vérifie si ce que tu as vu et fait est exact en revenant au modèle, rectifie si besoin est.

– Renouvelle l'opération : relis la phrase, puis revois-la sans modèle.

– Continue de même pour les autres phrases.

– Quand tu as fini toutes les phrases, revois dans ta tête tout le poème comme si tu regardais un film et, à partir de ce film, retrouve le poème. Pour t'aider, mets en scène ton film, fais jouer les personnages. Tu peux aussi réaliser quelques dessins pour représenter l'histoire.

– Entraîne-toi à réciter le poème comme si tu étais en classe : tu vois la classe, le professeur, tes camarades, tu prévois leurs réactions, tes gestes.

Règles d'or

– Lis toujours avec le projet de retrouver dans ta tête ce que tu as lu.
– Livre fermé, teste-toi. Retrouve ce que tu as lu en le revoyant, en le redisant, en écrivant les exemples, les mots nouveaux.
– Imagine la scène de la récitation ou de l'interrogation écrite en classe. Prévois les questions posées, imagine un exercice.
– Révise ta leçon à plusieurs reprises. Un seul apprentissage ne suffit pas à graver les souvenirs dans la mémoire.

Un bon conseil

Deviens magnétoscope : enregistre le son, les images, les actions. Tu n'auras plus de trou de mémoire… promis!

Activités

Ces activités, qui se présentent comme des jeux de rôle, conduisent le collégien à intégrer ce qu'il a découvert.

☐ Distingue les différents moyens d'apprendre (de la 6e à la 3e)

Demandez-lui de dire si les élèves suivants sont paroliers, photographes ou réalisateurs.

1. Cléa se récite sa leçon à voix haute.
2. Arthur fait un schéma.
3. Hélène écrit certains mots.
4. Charles commente son cours.
5. Maud utilise des couleurs pour mettre en relief les mots importants.

□ Choisis le meilleur procédé pour apprendre (de la 6e à la 3e)

1. Dites à l'enfant qu'un de ses camarades est plutôt parolier et qu'il n'arrive pas à retenir l'orthographe du mot *bonheur*. Demandez-lui de l'aider en lui indiquant comment procéder.

2. Dites à l'enfant qu'un autre de ses camarades est plutôt photographe et qu'il éprouve aussi des difficultés avec l'orthographe du mot *bonheur*. Que va-t-il lui conseiller pour l'aider?

□ Trouve les erreurs (de la 6e à la 3e)

Demandez-lui d'indiquer, parmi les élèves que vous allez nommer, celui qui pourra sans difficulté réciter le cours qu'il avait à apprendre. Faites-lui préciser les erreurs commises par les autres.

1. Esther a lu le cours trois fois, elle l'a répété et, satisfaite, elle a attendu le jour de l'interrogation.
2. Pierre a lu le cours. Il a fait un exercice, l'a vérifié. Il s'est écrié : «Ouf! je sais ma leçon!»
3. Élise a lu le cours. Elle l'a récité, a vérifié ce qu'elle avait retenu en retournant au cours. Elle l'a révisé deux fois avant l'interrogation.
4. Jules a lu le cours. Il l'a répété, puis il a vérifié qu'il le savait en le récitant.
5. Hélène a lu et répété le cours à plusieurs reprises.

4

« Doit faire un effort d'attention et de participation »

Sur le même registre, vous trouverez : « « Tête en l'air », « Rêve en cours », « Inattentif », « N'écoute pas en classe », « Aucun effort », « Aucune participation en cours », « Muet en classe » ou, souvent plus juste mais aussi inefficace : « Manque de confiance », « Trop timide »...

Ces annotations, qui concernent de nombreux élèves, n'indiquent en aucun cas comment parvenir à être attentif et motivé. L'enseignant qui a écrit ces remarques serait-il en mesure d'expliquer à l'enfant le geste mental de l'attention, agit-il en sorte que la motivation apparaisse? Ce n'est sans doute pas le cas, sinon il aurait donné des conseils pour pallier les difficultés.

Quant aux parents, ces remarques les laissent perplexes. En ce qui concerne le manque d'attention, ils pensent que leur enfant est un peu paresseux, qu'il pourrait quand même faire un effort... Pour ce qui touche la confiance, ils ne perçoivent pas les causes de cette situation. Ils lui répètent sans cesse que son comportement peut avoir de graves conséquences sur sa scolarité, voire sur son avenir. Les prédictions du genre « Tu ne réussiras jamais dans la vie » sont censées lui faire prendre conscience qu'il doit modifier son attitude. Mais les résultats restent inchangés. En fait, plusieurs questions se posent : pourquoi est-il inattentif? Que faut-il faire pour être attentif? Pourquoi éprouve-t-il un blocage? Comment lui redonner confiance en lui?

Les objectifs de ce chapitre expliqués à l'enfant

Dites-lui en substance : « Tes professeurs te répètent sans cesse de faire attention. Tu t'efforces de suivre leurs conseils. Mais, très vite, tu penses à autre chose, ton esprit s'évade et, une fois de plus, tu perds une partie du cours. Tu entends aussi parfois les professeurs dire que tu ne participes pas en classe. Il se peut que tu ne sois pas intéressé par les cours. Il se peut que tu sois trop timide. Ne t'inquiète pas, il existe une solution pour chacune de ces difficultés, tu vas bientôt en être persuadé. Cela va changer ta scolarité. »

Comment l'aider à être attentif

Donner du sens aux activités scolaires

De nombreux élèves ne sont pas attentifs ou ne participent pas simplement parce qu'ils ne saisissent pas l'intérêt de ce qui leur est présenté en classe. Les enseignants ne tiennent pas souvent compte de l'expérience des collégiens et leur présentent les connaissances nouvelles comme s'ils étaient table rase. En réalité, ils savent toujours quelque chose. Si cet acquis est dévalorisé parce qu'ignoré, ils en arrivent à considérer que la vie et l'école sont deux univers séparés : ce qu'il faut savoir dans l'un n'a aucune utilité dans l'autre. Les mathématiques sont une discipline enseignée au collège, non ce que l'on effectue quand on calcule son argent de poche ou quand on mesure la dimension d'une pièce.

L'école étant ce qu'elle est, à l'abri de son Savoir avec un *S* majuscule, à vous de faire en sorte que la vision de votre enfant évolue. Pour ce faire, commencez par souligner le lien entre les activités de la vie quotidienne et les activités scolaires. Toutes les occasions s'y prêtent. L'élève a étudié la règle de trois ? Choisissez une situation où il est nécessaire d'avoir recours à cette règle pour trouver la solution à un problème d'ordre familial. Soulignez le lien avec la notion abordée en classe. Il a vu un accord particulier en grammaire ? Demandez-lui incidemment de vous rappeler cet accord alors que vous écrivez une lettre, un courrier électronique... Il a commencé l'étude de la géographie ou de l'histoire d'un pays? Profitez d'une émission de télévision pour enrichir ses connaissances sur ce sujet de manière moins scolaire. Le secret consiste à transformer les «matières mortes» en ce qu'elles sont : des «matières vivantes», utiles, souvent passionnantes.

«Faites attention, soyez attentif» sont, nous l'avons souligné, des recommandations qui ne servent pas à grand-chose, car elles n'indiquent pas ce qu'il faut faire pour y parvenir. Cela change tout si l'on préconise à l'enfant d'écouter avec le projet de re-dire, de re-voir dans sa tête, de re-faire. Pour qu'il y ait attention, il faut une excitation du système nerveux. Il existe quatre types d'ondes cérébrales que l'électroencéphalogramme montre sur les graphiques. À l'état éveillé et actif, nous sommes sous le régime des ondes bêta, ondes de l'attention. Si nous sommes fatigués ou si la situation est répétitive, nous descendons en ondes alpha, rythme du repos sensoriel. Nous perdons le sens de l'espace et du temps tout en percevant beaucoup d'images mentales, mais nous ne sommes plus disponibles pour l'état présent : nous sommes «ailleurs». Au rythme thêta, nous nous endormons. Lors du sommeil profond, nous sommes en ondes delta.

Pour déclencher les ondes bêta, ondes de l'attention, il faut éveiller l'intérêt de l'enfant. Dès que le stimulus disparaît, l'attention diminue progressivement, c'est le phénomène de l'habituation. Nous nous habituons aux bruits familiers, mais un bruit inhabituel nous attire. L'habituation à certains stimuli permet au cerveau d'avoir moins d'informations à traiter; les activités quotidiennes sont accomplies par automatismes, nous laissant ainsi disponibles pour les activités qui requièrent une mobilisation particulière. La baisse d'attention serait une sorte d'économie qui réserve notre potentiel pour des situations qui en valent la peine.

Par ailleurs, lorsque vous abordez avec un enfant une notion nouvelle, il est important que vous partiez d'un souvenir vécu, ou que vous mettiez au jour ses connaissances antérieures. Cette procédure le rassure en lui montrant que les concepts à acquérir ne sont pas si éloignés de ce qu'il sait déjà. Au lieu de partir d'un univers totalement étranger, commencez par le familier pour l'apprivoiser : vous créez ainsi un contexte sécurisant. Essayez, vous verrez que son attitude changera très vite.

De plus, cette procédure se révèle un excellent moyen pour le sortir de son apparente apathie et pour susciter sa curiosité. Elle crée une attitude mentale active. L'objectif est d'éveiller chez lui une résonance afin que les activités entreprises revêtent un sens.

En prenant appui sur les connaissances antérieures, vous rejoignez le processus même de l'apprentissage. Celui-ci se construit en effet par une mise en relation des savoirs préalablement enregistrés avec le savoir nouveau et non par accumulation, comme on l'a cru pendant longtemps (voir p. 54).

Il arrive que l'enfant ait des représentations naïves, voire erronées, il se produit alors un véritable conflit entre les connaissances antérieures et les connaissances présentées. Dans ce cas, il est encore plus important de mettre au jour ce qu'il sait ou croit savoir sous peine d'empêcher les nouveaux apports de se greffer. Contrairement à une idée répandue, les idées préconçues ne disparaissent pas après la parole de l'enseignant ou la lecture du manuel. Elles se superposent et, en dernier ressort, resurgissent.

Témoignages

La nécessité de faire émerger les représentations se fait particulièrement sentir dans le domaine des termes polysémiques utilisés dans les différentes disciplines. La plupart du temps, ce ne sont pas les mots nouveaux, même très techniques, qui posent le plus de problèmes, mais les mots dont le sens varie selon la matière (milieu, racine, ensemble, centre...). Il est difficile, pour un élève de 6e, de comprendre qu'un mot employé dans une certaine acception en géographie revêt une autre signification en mathématiques, en sciences et dans la vie courante.

Au cours d'une recherche menée à l'Institut national de recherche pédagogique, j'ai analysé les réponses erronées fournies par les élèves à de nombreux questionnaires nécessitant une recherche d'informations dans différentes disciplines. Ce travail a mis en lumière l'importance, avant d'aborder un sujet nouveau, de faire appel à l'expérience des élèves. En dehors des erreurs liées à la plus ou moins grande difficulté de la recherche, il existe un autre type d'erreur : l'élève fait appel à son vécu et ce vécu est tellement prégnant qu'il déteint sur le texte et engendre des erreurs.

Exemple 1. «La lutte contre la pollution a-t-elle permis ces dernières années des progrès dans ce domaine? (en Île-de-France)» Le texte de la réponse était le suivant : «Entre 1973 et 1980, le niveau moyen de la pollution atmosphérique a diminué de plus de 50% en Île-de-France.» Plus de la moitié des élèves de 6e ont répondu : «Non, elle n'a pas progressé.» Ils m'ont expliqué ensuite que lorsqu'il y a des progrès, cela ne diminue pas. Pour eux, une situation qui progresse signifie obligatoirement une situation en augmentation. C'est ce qui se passe pour eux : quand ils obtiennent onze points au lieu de neuf, ce résultat est meilleur, ce n'est pas le cas s'ils obtiennent six points.

Exemple 2. «Les parents acceptent-ils tout de suite de laisser leur enfant au roi parce que c'est le roi qui le leur ordonne?» La majorité des réponses est «oui». Or un paragraphe du texte relate la discussion entre le roi et les parents adoptifs de l'enfant, preuve que la partie n'était pas gagnée d'avance. Interrogés, les élèves justifient leur réponse en affirmant : «Un roi, ça commande.» Contre cette idée, profondément ancrée, aucun écrit ne peut quoi que ce soit...

Exemple 3. «Tu dis qu'il y a des mulots dans ton jardin. Pourtant tu ne les as pas vus. Comment sais-tu qu'ils sont dans ton jardin?» Avec ma logique d'adulte, j'attendais une réponse du type : «Je sais qu'ils sont dans mon jardin car je vois des petits tas de terre.» Or certaines réponses sont pour le moins étonnantes : elles montrent à quel point un élève de 6e reste encore proche de son vécu qui, en l'occurrence, occulte le texte.

L'enfant refuse d'entrer dans le jeu : «Je n'ai pas de jardin», «Je n'ai pas dit qu'il y avait des mulots dans mon jardin».

L'enfant fait appel à son vécu de référence et le combine à ce qu'il a lu dans le texte : «Je sais qu'ils sont dans mon jardin parce qu'il est près d'un champ et qu'il est humide», «Je ne peux pas le savoir car c'est un animal nocturne et nous la nuit on dort»!

Activités

Quelques activités peuvent être prévues pour développer la capacité d'attention, de concentration.

☐ Observe (dès la 6e)

Dites-lui de choisir un objet.

1. Demandez-lui de l'examiner en le prévenant qu'il va avoir à s'en souvenir avec précision (sa forme, ses dimensions, ses couleurs, etc.). Conseillez-lui de le photographier des yeux en chassant toute idée étrangère.

2. Dites-lui de fermer les yeux et de revoir, de décrire, de dessiner l'objet dans sa tête.

3. Demandez-lui de comparer ce dont il s'est souvenu avec l'objet.

Au début, il éprouvera des difficultés, mais, peu à peu, la qualité de son évocation s'améliorera. Renouvelez régulièrement l'activité en partant d'objets plus complexes (par exemple, un tableau).

☐ Suis ton idée (à partir de la 4e)

Conseillez à l'adolescent, lorsqu'il est dans les transports en commun ou qu'il fait la queue, par exemple, d'évoquer un souvenir agréable. Qu'il revive mentalement la situation de A à Z, sans se laisser perturber par l'entourage.

☐ Ne te laisse pas distraire (à partir de la 4e)

Dites à l'adolescent de penser à un sujet donné pendant trois minutes, montre en main, puis de passer à un autre sujet pendant une durée égale, puis à un autre… Qu'il ne dépasse pas cinq sujets. À l'issue de quelques activités de ce type, il aura plus de facilité à maintenir son esprit centré sur un thème et à s'abstraire des sollicitations extérieures.

☐ Observe et retrouve (à partir de la 3e)

Cette activité, plus difficile, consiste à séparer un tout en ses éléments. Par exemple, dites à l'adolescent de regarder un immeuble, en se centrant tour à tour sur :

- sa forme ;
- ses dimensions ;
- la division en étages ;
- les ouvertures (portes, fenêtres…) ;
- les matériaux : ciment, bois, verre, pierre.

L'opération inverse peut ensuite être accomplie : reconstituez l'ensemble en partant des éléments dégagés.

Donner une vision claire des objectifs

Avant de commencer un apprentissage, il est indispensable de susciter chez l'élève le désir de découvrir. En effet, la prise de conscience est le moment clé de tout apprentissage. Il s'agit d'expliquer aux élèves la nature et la signification des tâches proposées de manière à susciter une prise de conscience claire. Les enfants, les adolescents y sont très sensibles. Ne plus se sentir de simples exécutants est, pour eux, un facteur de déblocage.

Sans un engagement de la part de celui qui apprend, les meilleures intentions sont vouées à l'échec. Provoquer cet engagement nécessite que l'élève connaisse le but des tâches qu'il entreprend, les objectifs visés par la séquence pédagogique. Il faudrait toujours se souvenir qu'il n'existe pas d'attention sans intention. Or, que se passe-t-il en classe? En début de cours, le professeur annonce : «Aujourd'hui, nous allons travailler sur... », quand il ne dit pas simplement : «Ouvrez vos livres page 32.»

Ne reproduisez pas cette erreur. Prenez en compte que le cerveau retient mieux les informations finalisées. Par suite, pensez toujours à indiquer à votre enfant l'objectif de la séquence de travail. Il est possible à l'aide d'exemples, de comparaisons, de faire comprendre, même aux plus jeunes, l'utilité de ce qu'ils sont appelés à mettre en œuvre. Vous trouverez dans ce livre de nombreuses illustrations de ce procédé. À partir du moment où il se sent impliqué, il est disposé à se livrer à des exercices qui, de prime abord, paraissent rébarbatifs.

Donner une vision claire de l'itinéraire et des résultats

Qui aurait l'idée d'envoyer un enfant dans une grande ville avec pour toute indication le lieu à atteindre? C'est pourtant ce qui est souvent pratiqué dans l'enseignement. Ainsi, il est courant d'entendre un professeur dire à un élève dont les notes se situent autour de cinq (sur vingt) : «Attention, si tu n'obtiens pas la moyenne, tu vas redoubler.» Cette prédiction est néfaste, car elle lui renvoie une image négative; de plus, elle ne conduit à rien puisque, sans autre conseil, l'objectif semble inaccessible au collégien. Or se trouver devant une tâche qui lui paraît immense sans points de repère déplaît profondément à notre cerveau.

Afin d'éviter cet écueil, il importe d'avoir une vision claire du parcours à accomplir et des résultats à obtenir. Dire à un enfant ou à un adolescent : « Si tu ne travailles pas en classe, tu ne réussiras jamais dans la vie », « Si tu veux être bon en classe, prends-toi en charge, etc. » est une recommandation inefficace. Ces projets, trop vagues, n'indiquent pas concrètement ce qu'il faut faire pour réussir. Essayez plutôt de lui fixer un but proche et réaliste (voir les exemples p. 75).

Vous pouvez déterminer avec lui un certain nombre de paliers à atteindre et l'aider à se situer régulièrement. Par une sorte de contrat, définissez avec lui les étapes intermédiaires qui conduiront à l'objectif. Faites par exemple le pari qu'en l'espace de deux semaines, il va augmenter sa note de mathématiques d'un point. Cette façon de procéder est stimulante. Elle présente, en outre, le mérite de ne pas le décourager par un projet trop ambitieux.

Dans la même optique, il est efficace, surtout pour les photographes et les réalisateurs, de reporter les résultats sur une fiche récapitulative. Cette fiche représente la mémoire du collégien et contribue à le rendre partie prenante dans son apprentissage. Elle le conduit peu à peu à se prendre en charge et à savoir apprécier sa progression.

Comment l'aider à retrouver confiance en lui

Un enfant ou un ado marqué par l'échec ne peut réussir. Il a, par la force des choses, acquis la certitude qu'il n'est pas doué et finit par subir passivement l'échec. Non seulement cet état est préjudiciable à sa scolarité, mais, plus grave encore, il porte atteinte à la construction de sa personnalité. S'il a une image négative de lui au collège, il a rarement une image positive de lui dans la vie. Bien sûr, les adolescents, en particulier, se réfugieront derrière de faux prétextes du type : « De toute façon, c'est le chômage qui nous attend », « L'école ne sert à rien »... En réalité, ils sont découragés par leurs piètres résultats. Ils souffrent et deviennent des proies faciles pour tous les comportements déviants : délinquance, drogue, fugue...

Sans une intervention appropriée, la situation ne peut changer. Comme le sportif, l'élève a besoin, pour apprendre, de croire en lui, en ses possibilités. L'impact de l'attitude mentale est immense. Souvenez-vous de Jacques Eyssette dans *Le Petit Chose* d'Alphonse Daudet. Son père lui répétait sans cesse qu'il allait casser la cruche. Il l'a effectivement cassée.

Les élèves qui estiment ou que l'enseignant estime, à l'issue de quelques piètres résultats, être «nuls en mathématiques» le deviennent la plupart du temps alors qu'ils seraient tout à fait capables de surmonter cette difficulté. Mais, persuadés de la justesse du constat, ils se ferment à cette discipline pour laquelle ils ne manifestent plus aucune disponibilité intellectuelle : ils ne peuvent plus progresser. N'oubliez pas que «chat échaudé craint l'eau froide».

Les prophéties négatives se réalisent mais, heureusement, les prophéties positives se réalisent également. Notre mémoire ne laisse passer vers le cortex, cerveau qui permet toutes les activités intellectuelles, que ce qui lui convient. Elle garde la trace des situations vécues antérieurement et, quand une situation nouvelle se présente, elle compare.

Si le solde est positif, les informations sont envoyées au cortex qui entre en jeu : toutes les fonctions intellectuelles se mettent à l'unisson pour conduire à terme l'opération. Si le solde est négatif, le programme est retardé, voire stoppé : un blocage peut apparaître. Non seulement un élève qui a l'impression d'échouer ne va plus de l'avant, mais il retrouve parfois de vieux réflexes caractéristiques de notre cerveau primitif : se réfugier dans le silence, prendre une attitude défensive, voire agressive.

Pour briser le cercle vicieux, un seul moyen : retourner la situation, convaincre l'enfant ou l'ado qu'il peut réussir et le lui prouver. Il existe toujours un domaine dans lequel il se distingue : le dessin, la réalisation d'une maquette, un sport, les jeux informatiques. Ne pensez pas que cela est sans intérêt par rapport aux résultats scolaires. À partir du moment où vous mettez en évidence une réussite, vous changez l'image que l'enfant a de lui et c'est cela qui est important.

Vous désirez des exemples plus proches de la situation scolaire ? Il n'est pas difficile d'en trouver.

Premier exemple. Il arrive fréquemment que la vitesse de lecture d'un enfant reste faible, ce qui entraîne une lecture hachée et entrave la construction du sens. Après avoir dégagé les facteurs susceptibles de freiner sa progression : régressions constantes, anxiété, etc. (voir p. 96), vous pourrez procéder de la manière suivante.

En vous appuyant sur le temps mis habituellement par votre enfant pour lire un texte, faites-le lire à un rythme plus soutenu ; s'il a lu un texte de tant de lignes en tant de minutes, donnez-lui un délai moindre pour un texte de longueur équivalente. Présentez l'activité comme une sorte de défi à relever, par exemple, en lui disant : « Je parie que tu en es capable, chiche ? » À l'issue de la lecture, posez-lui quelques questions. Neuf fois sur dix, il se rendra compte qu'il a aussi bien compris, sinon mieux, en allant de l'avant avec plus de dynamisme. Cette révélation sera souvent suffisante pour débloquer la situation et améliorer la vitesse.

Second exemple. Vous avez remarqué que votre enfant faisait preuve d'imagination dans les situations extrascolaires, dans ses jeux, dans ses propositions. Valorisez cette faculté, même si, à côté de cela, il n'arrive pas encore à rédiger correctement une phrase par peur des fautes d'orthographe, de syntaxe et, de ce fait, obtient de piètres résultats en rédaction.

Ce qu'il réussit est moins important que le fait de réussir et de vivre ainsi l'expérience de la satisfaction liée au résultat. Cette expérience est enregistrée par la mémoire qui en gardera le souvenir. Le premier succès est essentiel, il modifie l'image que l'enfant a de lui, à plus forte raison s'il est valorisé. Encouragé dès qu'il aura atteint un but, même de portée limitée, il retrouve confiance en ses possibilités. Le blocage levé, la voie est libre.

Valorisez-le

Vous avez sans doute déjà entendu ce conseil : « Ne félicitez pas l'enfant, sinon il deviendra prétentieux ou ne fera plus d'effort. » Oubliez-le. L'enfant a besoin, pour donner le meilleur de lui-même, de voir sa réussite prise en compte par ses parents. Si vous n'intervenez que pour souligner ses lacunes, il n'aura plus de repères et perdra toute confiance en lui. Être valorisé l'aide à construire une image positive de lui-même.

Votre rôle est ici primordial : mettez au jour ses talents et valorisez-le. Il ne s'agit pas seulement de contribuer à sa réussite scolaire mais à la réussite de sa vie. En soulignant ses aspects positifs, vous n'en ferez pas un enfant ou un ado gâté. Vous en ferez un adulte épanoui.

Ne revenez pas toujours sur une mauvaise note, soulignez plutôt les progrès dans telle ou telle discipline, même s'il ne s'agit que d'un point. Il n'est pas question d'ignorer le résultat qui vous chagrine, mais de l'aborder avec sérénité. Sentant que vous ne le jugez pas négativement, il sera prêt à vous confier ou à vous faire comprendre avec ses mots pourquoi il a obtenu ce piètre score. Le jour où il a effectué ce contrôle ou cet exercice, il avait mal compris ou n'avait pas compris ce qu'il fallait faire, ou encore il avait oublié ou prêté son cahier, son manuel en classe et il n'avait pu réviser... Si vous vous apercevez qu'il s'agit vraiment d'une difficulté de compréhension dans une discipline, demandez rendez-vous au professeur, lisez les conseils du chapitre 2. En toutes circonstances, croyez en votre enfant, même en cas d'échecs renouvelés. Malgré les pronostics pessimistes des enseignants, ne renoncez jamais. L'enfant sentira cette confiance et parviendra un jour ou l'autre à surmonter ses difficultés.

Une expérience qui en dit long

L'expérience de l'Américain Rosenthal, connue sous le nom de « Pygmalion à l'école », est révélatrice. À la rentrée scolaire, des enseignants furent informés du nom des élèves qui, selon des tests d'intelligence, étaient exceptionnellement doués et du nom de ceux qui l'étaient de façon très insuffisante. En réalité, ils étaient répartis au hasard. En fin d'année, on s'aperçut que ceux qui bénéficiaient d'un préjugé favorable avaient réalisé des progrès importants. Les autres avaient stagné et même parfois régressé. Peut-être les enseignants avaient-ils inconsciemment accordé une attention particulière aux élèves considérés comme doués, peut-être leur comportement avait-il trahi leur pensée...

Cette expérience souligne à quel point les attentes positives ou négatives du professeur peuvent se répercuter sur les performances de ses élèves. Carl Rogers, psychologue, parle de « regard positif ». Le philosophe Alain va dans le même sens en conseillant d'« entourer l'écolier de toute la chaleur d'amitié dont on est capable ». Si cette stimulation est absente, toutes les aides techniques risquent d'échouer. C'est pour cela qu'un manuel, un logiciel, une méthode peuvent réussir aux élèves d'une classe et pas à ceux d'une autre classe. Ce ne sont que des outils : ils ne font pas de miracle. En revanche, les conditions de réception de l'information ont une influence décisive : selon le sentiment éprouvé, l'apprentissage est bloqué ou favorisé. Les élèves ont besoin d'une ambiance rassurante, sécurisante pour mobiliser et épanouir toutes leurs facultés. Nous devrions toujours nous rappeler que l'émotion précède l'action.

Les interviews d'adolescents montrent à quel point ils sont sensibles à la manière dont les professeurs les considèrent. Les explications des collégiens sur leur comportement gravitent toujours autour de deux phrases clés. Parfois, ils affirment : « Vous comprenez, ce professeur nous répète sans cesse qu'on est nuls, qu'on n'y arrivera jamais; pendant son cours, c'est la pagaille, personne ne l'écoute, c'est pas la peine puisqu'on est nuls. » Ces mêmes élèves ont un autre type de discours par rapport à d'autres enseignants : « Ce professeur croit en nous, il affirme que nous sommes capables d'obtenir des résultats convenables; avec lui, on a envie de s'investir, on travaille, on ne veut pas le décevoir. » Je pense que, pour celui qui veut comprendre, ces réponses résument le problème et laissent entrevoir la solution.

Un point commun réunit tous les grands pédagogues; ils ont été des pédagogues de l'espérance et du refus de l'échec. Freinet, instituteur après la Seconde Guerre mondiale, pour ne citer que lui, cherchait inlassablement le domaine dans lequel l'enfant réussissait, de la culture d'un petit jardin à la réalisation d'une bande dessinée... C'est à partir de ce premier succès que l'enfant en atteint d'autres. Le secret est de le faire entrer dans la peau de celui qui réussit.

Il suffisait...

Il était une fois un petit garçon qui traînait de classe en classe, toujours menacé de redoublement. Il était, selon les enseignants, «médiocre» dans l'ensemble des disciplines. Dans l'esprit de tous, y compris de ses parents qui prenaient pour argent comptant les affirmations des professeurs, l'avenir de cet enfant était compromis. Lors d'un anniversaire, chez ses grands-parents, la famille fut définitivement convaincue qu'il n'y avait «rien à tirer de ce môme». Très inventif, l'enfant avait fabriqué un parachute qu'il testa ce jour-là. Il y suspendit un lapin de son grand-père et laissa tomber le tout du deuxième étage : oncles, tantes, cousins virent s'écraser le malheureux lapin sur le sol... Vous devinez les conclusions que chacun en tira.

En 3e, l'enfant, devenu adolescent, eut la chance d'avoir un professeur de français qui, derrière les multiples fautes d'orthographe, les devoirs peu présentables, pressentit chez cet élève des facultés d'imagination, de créativité. Il lui fit prendre conscience de ses capacités et lui expliqua que, pour en tirer parti, il devait améliorer son orthographe, soigner la mise en page de ses travaux. Il lui expliqua que, dans le cas contraire, les professeurs ne s'apercevraient jamais de ses facultés. L'adolescent, surpris et ravi de posséder des talents jusque-là insoupçonnés, se sentit stimulé et surmonta ses difficultés. Épaulé par l'enseignant de français, il progressa considérablement. À partir de la seconde, tout se passa bien pour lui. Il a fait des études de médecine sans accroc; actuellement, il est pédiatre et écrit des livres...

Vous voyez qu'il a suffi qu'un professeur mette au jour les qualités de l'élève, les valorise, pour que sa scolarité bascule dans le bon sens. Le premier succès, quel que soit le domaine, est souvent un tremplin vers la réussite dans de nombreux autres domaines. De nombreux enfants dont les antécédents scolaires sont peu glorieux n'ont malheureusement pas la chance de rencontrer un professeur soucieux de chercher leurs atouts et de les faire connaître. Alors, à vous de jouer...

Comment le motiver

Chacun s'accorde à reconnaître que la motivation joue un grand rôle dans la réussite. C'est vrai, certes, mais dans la motivation entre la représentation de soi qui doit jouer un rôle positif. Un enfant ne peut être motivé tant qu'il reste en situation d'échec. C'est pourquoi il s'agit avant tout de prendre en compte la nécessité de trouver un domaine où l'enfant réussit. C'est ce qui a été traité précédemment.

Sans éprouver de blocage, il peut très bien ne pas aimer certaines activités ou certaines matières. Essayez de mettre en évidence l'intérêt de l'activité ou de la discipline. Puisqu'il ne peut l'éviter, dégagez-en les aspects positifs : en quoi est-elle utile pour atteindre un objectif ? Que peut-elle apporter ? Par ailleurs, n'oubliez pas de vous appuyer sur ses progrès. Il existe une Motivation avec un *M* majuscule mais aussi des motivations avec des *m* minuscules. Parvenir à un but, même de portée limitée, est un puissant facteur de motivation qui propulse vers l'étape suivante.

Pour mener à bien une activité scolaire, l'élève doit, la plupart du temps, « faire un effort ». Mais, si l'effort est nécessaire à la réussite, aidez-le à le vivre comme une conquête qui apporte de la joie et non comme un pensum. De nombreuses personnes, malheureusement, brandissent l'effort comme un devoir au sens juridique du terme. Dans ce cas, le collégien considère très vite le travail scolaire comme une contrainte. Quel dommage ! Il est tellement merveilleux de se sentir heureux quand on est parvenu à un but. Le registre de l'obligation est omniprésent dans l'enseignement. Qu'il s'agisse des textes officiels ou du vocabulaire utilisé dans le cadre scolaire, on retrouve les mêmes expressions : « L'élève *doit* (avoir acquis…) », « Il *faut* que l'élève (connaisse…) »… Le mot *devoir*, au sens d'exercice à effectuer, est révélateur.

Développer sa capacité d'écoute

Écouter n'est pas entendre. Nous entendons les bruits de la rue, mais nous écoutons une conversation. Dans un cas, nous sommes passifs, dans l'autre actifs. Entendre mobilise uniquement les circuits de l'oreille, écouter mobilise l'ensemble du cerveau. Or la capacité d'écoute diminue entre l'enfance et l'âge adulte, comme l'a montré une expérience suédoise. Celle-ci consistait à demander à des enfants de différents âges et à des adultes d'indiquer, de manière anonyme, s'ils écoutaient lorsque la personne qui parlait disait : « Le moment est venu. » Jusqu'à neuf ans, 90 % des enfants écoutent ; à quatorze ans, il n'en reste plus que 44 % ; à dix-sept ans et plus tard, 28 %…

Si les jeunes enfants écoutent, c'est sans doute parce que les informations leur sont transmises essentiellement à l'oral, dans la mesure où ils ne savent pas lire. Les adolescents, quant à eux, sont plus préoccupés par leur évolution physiologique et intéressés par les échanges avec leurs pairs que par le message du professeur. De plus, à notre époque, nous sommes submergés par le bruit ; la baisse d'écoute est un moyen d'éviter le surmenage.

Activités

☐ Exerce-toi à écouter (tous niveaux en fonction du texte choisi)

Lisez un passage de texte informatif en demandant à l'enfant ou à l'ado de vous écouter car il va avoir besoin de se souvenir de vos paroles. Proposez-lui ensuite trois reformulations proches dont une seule est exacte.

COMMENT L'AIDER À S'EXPRIMER EN PUBLIC

Si l'élève est muet en classe, c'est peut-être parce qu'il n'ose pas prendre la parole. Si tel est le cas, le premier pas à accomplir consiste à aider l'enfant ou l'ado à retrouver confiance en lui (voir plus haut). Vous pouvez, de plus, après avoir mis au jour ses craintes, lui présenter quelques moyens pour les surmonter et pratiquer des activités liées à l'expression orale.

Vaincre les craintes liées à l'exposé ou, plus généralement, à la prise de parole

L'exposé est une activité connue et adoptée depuis longtemps dans les classes. Cependant, c'est un exercice difficile où les élèves doivent affronter au moins deux difficultés : le trac et l'absence d'écoute de leurs camarades. Il faudrait absolument éviter que le premier exposé soit un échec. Sinon, cette expérience malheureuse s'inscrit dans les souvenirs de l'élève et, au fil des études, les problèmes s'aggravent : certains étudiants sont véritablement inhibés lorsqu'ils veulent ou doivent prendre la parole et adoptent des conduites de fuite qui nuisent à leur réussite.

□ Dominer son trac

Avant de prendre la parole en public, les muscles se tendent, le pouls bat plus vite, la respiration s'accélère. Cette réaction, tout à fait normale, a pour but, en mobilisant toutes les fonctions de l'organisme, d'augmenter le potentiel énergétique et de préparer le corps à l'action. Elle est due à l'afflux dans le sang d'une hormone, l'adrénaline. Sans tension émotionnelle, il n'y a pas de trac, mais il n'y a plus l'énergie positive qui permet d'établir la communication avec autrui. L'important est que le trac ne se transforme pas en panique. Quelques conseils peuvent permettre d'éviter cet écueil :

– Faites-lui prendre conscience que le moment le plus pénible se situe avant l'action. Même s'il a l'impression qu'il ne pourra pas ouvrir la bouche, qu'il ne craigne rien. Dès les premières paroles, la tension diminue et le malaise disparaît.

– « Pour devenir braves, agissons comme si nous l'étions », écrivait un spécialiste de la prise de parole. Ce conseil, qui peut sembler simpliste, se révèle en fait d'une efficacité remarquable. Il s'agit d'éviter tous les gestes mécaniques : pianoter, casser ses trombones, chiffonner son mouchoir… Ces gestes trahissent l'anxiété et la renforcent. Pour ce faire, le mieux est de se trouver une occupation jusqu'au dernier moment :

– écrire le plan de l'exposé au tableau, dessiner un croquis, un schéma ;

– discuter avec un camarade ;

– inspirer et expirer à fond calmement. Cela décontracte et irrigue le cerveau qui n'en est que plus alerte ;

– utiliser des supports visuels : transparents, diapositives… C'est très important pour que le message s'adresse à tous, mais aussi pour vaincre le trac. Il suffit de regarder ce qui se passe lors d'une conférence ou d'une prestation orale quelconque. Dès que l'intervenant montre un document, l'attention se détourne de lui et se porte sur ce qui est présenté : l'effet est quasi automatique. Si, en outre, le document comporte une partie écrite, chacun se précipite sur son stylo et note, note… ;

– si le professeur accepte, faire l'exposé avec un autre élève : la tension est moins forte et, par la suite, l'enfant osera se lancer seul.

☐ Surmonter la peur du trou de mémoire

Le trou de mémoire… Voilà ce qui pousse les «orateurs» à lire au lieu de dire, ce qui rend leurs propos beaucoup moins vivants. Si votre enfant est dans ce cas, dites-lui de ne pas s'affoler, de ne pas chercher dans ses notes. Il lui suffira généralement de reprendre brièvement ce qu'il vient de dire, le reste reviendra tout naturellement. De plus, l'enfant doit être persuadé qu'une hésitation est, de loin, préférable à un exposé dévidé sans heurts parce que lu. Ce dernier est toujours moins intéressant. Dites-lui que le plus important, c'est de garder le contact avec son public, le professeur et les élèves, en les regardant. Conseillez-lui de s'entraîner à la maison, devant sa famille ou devant ses copains.

Activités

☐ Ar-ti-cu-le (dès la 6e)

Cette activité est pratiquée, comme les suivantes, dans les cours pour les comédiens.

1. Demandez-lui de placer un crayon entre les dents et de prononcer à voix claire :

– bla, ble, bli, blo, blu,

– cla, cle, cli, clo, clu,

et ainsi de suite avec toutes les consonnes de l'alphabet.

2. Demandez-lui de répéter plusieurs fois les phrases suivantes en s'efforçant de prononcer distinctement :

– Pour qui sont ces serpents qui sifflent sur vos têtes?

– Les chemises de l'archiduchesse sont-elles sèches, archi-sèches?

– Où tes laitues naissent-elles? C'est là que mes laitues naissent.

– Ce que peu sur leurs os les ans laissaient de chair.

– Didon dîna dit-on de dix dos de dix dodus dindons.

– Je veux et j'exige; sachez, Xavier, que je ne transigerai pas.

☐ Improvise

Ces activités sont beaucoup plus motivantes en présence d'un public.

1. «Histoires comme ça» (6e, 5e). Il s'agit de créer des petites fables à la manière des *Histoires comme ça* de Kipling. L'enfant tire au sort une question parmi un lot préparé d'avance. Pourquoi les puces sautent-elles? Pourquoi la girafe a-t-elle un si long cou? L'enfant doit inventer une historiette qui apporte une réponse sans se préoccuper de la vérité scientifique.

2. Les bonimenteurs (6e, 5e). Pendant deux minutes, l'enfant est invité à faire l'article pour vanter son stylo, sa montre…

3. Présentation flash d'un objet (toutes classes). Pendant deux minutes, l'enfant doit parler d'un objet de son choix (bicyclette, raquette, chaussures…).

4. Compte rendu de lecture minute (toutes classes). Demandez-lui de présenter un livre qui lui a plu en quelques minutes. Il doit donner envie à ses auditeurs de lire le livre.

5. Histoire en relais (à partir de la 5e). Il s'agit d'un jeu que vous connaissez sans doute. Il peut se pratiquer lorsque l'enfant reçoit des amis. Mais la famille peut parfois suffire. L'enfant commence une histoire. Il parle une minute, puis s'arrête. Une autre personne doit poursuivre puis une autre… Il est préférable que le tour de passage soit imprévu pour que l'on ne sache pas à l'avance qui va prendre la parole. Dans ce cas, il est nécessaire de charger quelqu'un de désigner celui qui doit prendre le relais.

6. Speech de circonstance (4e, 3e). L'ado doit improviser un bref discours. Vous pouvez préparer différents cas de figure sur des petits morceaux de papier pliés. Il en tire un au sort : discours pour l'anniversaire d'un membre de la famille, pour avoir la permission de sortir le soir, pour pouvoir se coucher plus tard, pour regarder un film qui se termine à 23 heures… Le temps de préparation est très court. Il peut prendre quelques notes, mais ne pas rédiger d'un bout à l'autre.

7. Les journalistes (4e, 3e). Demandez-lui de présenter un événement d'actualité comme le ferait un journaliste de radio ou de télévision. Sa prestation ne doit pas durer plus de trois à quatre minutes. Il peut s'agir d'une actualité internationale, nationale, régionale, personnelle…

8. Présentation flash d'un sujet (4e, 3e). Pendant trois minutes, montre en main, il doit présenter une notion abstraite que tout le monde croit connaître (racisme, romantisme, humour, sport de compétition, la ville, le cinéma…).

9. Savoir prendre la parole à partir d'un nombre restreint d'éléments (4e, 3e). Demandez-lui de choisir une leçon dans son manuel de grammaire, d'histoire, dans un livre documentaire… En parcourant uniquement les titres, les mots dégagés par la typographie, il est chargé de redéployer les idées à voix haute comme s'il expliquait le cours à un ami ou comme s'il était… professeur.

5

« Des difficultés en lecture »

Vous trouverez des variantes : « Ne sait pas lire », « Ne possède pas le niveau requis en lecture pour suivre la scolarité au collège », « La maîtrise de la lecture n'est pas acquise ».

QU'EST-CE QUE CELA VEUT DIRE ?

L'enfant n'est pas encore à l'aise en lecture. Immédiatement, le constat « il (ou elle) ne sait pas lire » est brandi. Selon les statistiques, 25 % des élèves arrivant au collège sont dans ce cas. Ce chiffre, sans cesse souligné par les médias, est de nature à effrayer les parents qui pensent que leur enfant ne sait pas déchiffrer, c'est-à-dire ne sait pas reconnaître les lettres et les combiner. En réalité, nous allons voir que tel n'est pas le cas ; de plus, ce constat recouvre des difficultés très diverses. Outre les écueils concernant la recherche de l'information (voir le chapitre 9), l'enfant se trouve confronté à des obstacles de différentes natures. À causes variées, solutions variées.

Quels que soient la discipline, les cours à apprendre, les activités à effectuer, l'enfant doit avoir recours à la lecture. Au collège, la rencontre avec l'écrit est omniprésente, cela nécessite une dextérité certaine en lecture. Il existe donc une action à mener auprès des enfants pour qui le recours à l'écrit est un frein à la réussite scolaire, et vous pouvez tout à fait, en tant que parents, les aider à dépasser leurs lacunes.

COMMENT L'AIDER SI SA LECTURE EST PEU AISÉE

Certains enfants, à leur arrivée au collège, ne sont pas encore en possession d'une lecture vraiment courante et immédiatement signifiante. Malheureusement, sauf exception, toutes les activités scolaires au collège prennent appui sur une lecture maîtrisée mais ne contribuent pas à sa maîtrise. Très souvent, les enseignants pensent que la pratique de la lecture suffit à son perfectionnement. Si cette pratique est indispensable, elle est loin d'être suffisante : la progression ne se fait pas naturellement. Il est prouvé que, sans aide spécifique, la capacité de lecture évolue peu après onze-douze ans, elle peut même régresser, voire disparaître. C'est le cas des illettrés. Faire fonctionner les acquis des apprentissages antérieurs en pensant que cette habitude entraînera une amélioration est un leurre. L'habitude, seule, ne perfectionne pas. L'apprentissage de la lecture est un processus continu qui, loin d'être terminé à l'issue de l'école élémentaire, doit être prolongé. Toutefois, si l'institution scolaire reconnaît la nécessité d'une action dans ce sens, la mise en œuvre reste problématique dans la mesure où la plupart des professeurs de collège estiment que la lecture, « c'est l'affaire de l'école primaire ». De plus, ils ne se sentent pas formés pour aider les élèves à progresser dans ce domaine.

Dans l'ensemble d'une lecture courante, le lecteur formé lit sans décomposition ni analyse une grande partie des textes. Pourquoi ? Parce qu'il utilise tous les indices dont il dispose et non seulement les lettres et les signes de ponctuation.

– Les indices de sens donnés par le contexte et par son expérience ; ce qui précède le mot à lire le conduit à attendre certains mots plutôt que d'autres.

– Les indices fournis par son expérience, sa connaissance des situations ; s'il lit : « Une échelle était contre le mur, M. Tartempion descendit aussitôt du trottoir », il va compléter ce qui n'est pas écrit : « M. Tartempion est superstitieux, il croit que passer sous une échelle porte malheur ; aussi, en voyant une échelle sur le trottoir, il en descendit aussitôt. »

– Les indices grammaticaux : un déterminant masculin lui fait éliminer tous les noms féminins.

– Les indices fournis par l'organisation de la phrase. Le lecteur s'attend à ce que l'écrit se déroule selon une certaine structure : après un sujet, un verbe ; après un article, un nom ou un adjectif, etc.

– Les indices fournis par la silhouette des mots : avant de découvrir un mot, le lecteur aperçoit le dessin formé par les lettres : mot court, mot long, mot présentant plusieurs lettres dépassant la ligne vers le haut... Avant de voir, il a déjà entrevu.

Tous ces indices lui permettent de prévoir ce qui va suivre. Il opère alors un choix très rapide, non conscient, que la lecture ne fait, dans la plupart des cas, que confirmer.

Lire ne consiste donc pas seulement à identifier et à combiner des lettres, ce n'est pas non plus suivre une chaîne de mots, c'est faire intervenir son expérience. Il se produit un mouvement constant de va-et-vient entre l'écrit et le lecteur. Deux types de traitement entrent sans cesse en jeu dans la lecture et sont en interaction constante :

– un traitement ascendant, du texte au lecteur, qui identifie les signes vus et les interprète ;

– un traitement descendant, du lecteur au texte. À partir de ses connaissances antérieures et des informations fournies par la partie du texte déjà lue, le lecteur émet des hypothèses sur ce qui suit, attend certains mots plutôt que d'autres.

Pour devenir un bon lecteur, il est nécessaire de combiner traitements ascendant et descendant, bref d'acquérir un traitement interactif. Le lecteur malhabile n'a recours qu'à un seul traitement : il passe son temps, soit à tenter de déchiffrer tout ce qu'il voit, soit à deviner à peu près.

En fonction de son style d'apprentissage, l'enfant aborde l'écrit de façon particulière. Les enfants paroliers, linéaires, analytiques, manifestent une préférence pour le traitement ascendant, du texte au lecteur. Ils s'appuient prioritairement sur les indices visuels. Or la quantité de données que peut traiter l'œil est limitée. Celui qui fait essentiellement appel à ce qui est écrit, sans qu'il y ait échange entre informations visuelles et non visuelles, surcharge son système visuel. Cette analyse pointilliste de l'écrit constitue une entrave à la compréhension.

Les objectifs de cette partie expliqués à l'enfant

Dites-lui en substance : « Lis cette phrase et complète le mot manquant : *Dans la classe, il y a vingt-cinq élèves : douze... et treize garçons*. Tu as trouvé le mot manquant dans la phrase : *filles*. Tu n'as pas pensé un seul instant aux mots *hélicoptères, ballons, léopards*... Ce qui se situe avant et après le mot effacé, le contexte, t'a mis sur la voie. Tu t'aperçois que, dans la lecture, le sens général permet de prévoir de nombreux mots. Plus tu peux deviner ce qui va suivre, plus tu lis vite et sans effort. En effet, au lieu de t'attarder sur chaque mot, il suffit que tu vérifies rapidement si tes prévisions sont exactes. Entraîne-toi ! »

Repères

Tu lis de manière exacte, bravo. Mais sais-tu que tu peux reconnaître de nombreux mots sans avoir à les déchiffrer ? Pour cela, aide-toi de tous les indices, comme dans une enquête policière.

– Les indices fournis par ce qui précède, par le contexte, mais aussi ceux fournis par ton expérience de la vie de tous les jours. S'il est question de télévision dans le texte, tu as de grandes chances de trouver les mots *films, feuilleton* et non *feuillage*...

– Les indices entrevus. Avant de lire le mot, tu aperçois sa silhouette. Dans l'exemple donné pour un texte sur la télévision, si le mot est long, il s'agira sans doute de *feuilleton* ; si le mot est court, il s'agira plutôt de *film*.

Activités

Toutes les activités proposées ici conviennent à toutes les classes ; il suffit de choisir les livres ou les textes en fonction des centres d'intérêt de l'enfant.

☐ Imagine la suite

Lisez le début d'un texte à l'enfant, puis demandez-lui de trouver la suite.

☐ Imagine la fin

Lisez le début d'un texte à l'enfant, proposez-lui trois fins, à lui d'indiquer la fin probable, celle qui est logique par rapport au reste du texte.

☐ Trouve la phrase absurde

Demandez-lui de retrouver dans un texte la phrase qui, manifestement, s'y est glissée par erreur. Cette phrase doit être choisie de telle manière qu'elle se trouve en contradiction avec un des éléments du passage. Cette activité permet d'attirer l'attention du lecteur sur la cohérence logique d'un texte.

☐ Prévois le contenu du livre

Laissez-lui dix à quinze minutes pour feuilleter un ouvrage. Il doit ensuite, livre fermé, imaginer l'histoire. La découverte du livre peut être guidée par quelques conseils :

– examine la première et la dernière page de couverture (lis le titre, regarde l'illustration, parcours le texte au dos du livre);

– lis les titres des chapitres;

– feuillette le livre, parcours les illustrations;

– lis quelques lignes de la première et de la dernière page;

– lis au hasard quelques passages.

Le lecteur apprend ainsi à recueillir un maximum d'informations en manipulant un livre. Cette démarche est habituelle pour celui qui aime lire, pas pour les enfants qui ne sont pas encore familiarisés avec le monde du lire-écrire.

☐ Détecte les anomalies

Cette activité mobilise la faculté d'anticipation. C'est en effet parce qu'ils auront prévu ce qui va suivre que les lecteurs pourront trouver les mots inadéquats.

Dites à votre enfant qu'il existe des anomalies dans les passages. Ces anomalies sont authentiques. À lui de les trouver.

1. Un drame épouvantable s'est déroulé à Dun-le-Poelier, village d'un demi-million d'habitants, proche de Romorantin (*Franc-Tireur*, 21 octobre 1954).
2. L'horloge bretonne venait juste de sonner les quatre coups de 18 heures, lorsque la sonnette de la porte d'entrée se fit entendre (*Libération*, 15 mars 1954).

3. Craignant une fracture de la mâchoire, le docteur dut lui recoudre la paupière de l'œil droit (*Ouest-France*, 6 octobre 1954).
4. La circulation de tout véhicule sera interdite jusqu'au 17 septembre 9154 entre Chambon et Albert (*Liberté*, 9 septembre 1954).
5. Prévisions valables pour cet après-midi et la nuit dernière (*Le Soir-Marseille*, 10 janvier 1954).

A. Aycard, J. Franck, *La réalité dépasse la fiction*,
Gallimard, « L'air du temps ».

□ Complète les passages

Cette activité conduit l'enfant à formuler des hypothèses sur les passages manquants en utilisant tous les indices dont il dispose, en particulier les indices de sens donnés par le contexte.

Dans un texte, supprimez un passage au milieu, au début ou à la fin. Demandez-lui de compléter le texte.

Exemple (pour les 6e). Dites-lui de lire d'abord le texte en entier puis de choisir, parmi les deux solutions proposées (A et B), celle qui convient pour chaque passage manquant. Demandez-lui ensuite ce qui l'a mis sur la voie.

Mystère

La salle de sciences du collège a été saccagée, le garçon de laboratoire assommé. Le principal cherche les coupables parmi les internes. Un élève, Rémi, est soupçonné. Mathilde, une fille de sa classe, décide de prendre les choses en main. Elle conseille à Rémi de s'expliquer d'abord avec l'élève qui l'accuse, d'aller ensuite voir le professeur d'histoire-géographie avec qui il s'entend bien. C'est Rémi qui raconte l'histoire.

– Troisièmement, conclut Mathilde, t'établir un alibi. Il faut prouver que tu n'as pas quitté ton lit cette nuit.
– Impossible, dis-je en déglutissant un peu difficilement.
– Et pourquoi donc
… Premier passage manquant…
– Comment ça ?
– Du moins pas toute la nuit, corrigeai-je, essayant d'éviter son regard interloqué.
– Et où étais-tu cette nuit, si tu n'étais pas dans ton lit ?

Je jetai un rapide coup d'œil autour de moi avant de dire, fixant la pointe de mes chaussures :
... Second passage manquant...
– Dans la salle 20 ? Celle où...
– Oui, dis-je penaud. Celle où M. Cornue a été attaqué.

J.-P. Arrou-Vignod, *Enquête au collège*,
Folio-Junior.

Premier passage manquant
a. Parce que je dormais.
b. Parce que je n'y étais pas.

Second passage manquant
a. Je ne peux pas te le dire.
b. C'est bien là le problème. J'étais dans la salle de sciences-nat.

☐ Prévois les mots

Cette activité constitue un excellent moyen de développer la capacité d'anticipation. Il s'agit de compléter les mots supprimés dans un texte. Les mots enlevés sont surtout des mots porteurs de signification (substantifs, verbes...) et non des mots-outils, mots nécessaires au respect de la syntaxe, mais ne véhiculant aucune information nouvelle (articles, prépositions, adjectifs démonstratifs...). L'accent est ainsi mis sur la construction du sens. Il est essentiel, lors de la correction, de demander à l'enfant pourquoi il a choisi tel mot plutôt qu'un autre.

Exemple 1 (6e, 5e). Dites-lui de lire le texte en entier puis de compléter les mots manquants. Demandez-lui ce qui l'a mis sur la voie.

Alexis dans la forêt Foly

Alexis vient habiter dans une ville nouvelle, en bordure d'une (1) forêt.
Quand elle est éclairée par la lune, cette grande forêt empêche souvent Alexis de (2).
Une nuit, prenant son courage à deux (3), il s'enfonce dans la forêt.
Il va rencontrer un singulier personnage qui l'emmène jusqu'à une petite (4) pleine d'animaux habitée par une vieille dame russe.
Alexis va revenir de plus en plus souvent dans cette maison, jusqu'à ce qu'il découvre le (5) de la vieille dame, qui va bouleverser sa propre vie.

François-Régis Bastide, *Alexis dans la forêt Foly*,
Nathan.

Exemple 2 (6e, 5e). Dites-lui de lire le texte en entier puis de compléter les mots manquants. Demandez-lui ce qui l'a mis sur la voie.

Des vertus du silence

Julia, douze ans et demi, discute avec les élèves de sa classe dans un square près du collège. Elle voudrait faire comprendre à une professeur qu'elle est trop sévère, mais comment? Elle raconte.

C'est finalement moi qui ai emporté la décision. Les copains ne savaient pas trop, hésitaient, se consultaient, tergiversaient :
– Eh bien! Qu'est-ce qu'on fait? Qui a une (1)?
Alors j'ai tapé du pied sur le dossier du banc où quelques-uns d'entre nous se tenaient assis et je me suis exclamée :
– Mais, tonnerre de Brest, cela fait des heures que je vous propose une solution, seulement vous avez (2)! Un peu de courage, nom d'un chien, arrêtez de trembler comme des toutous! Si tout le monde se tait pendant son (3) et fait la grève du zèle, s'il n'y a aucun bruit en classe à part celui des (4) au plafond, c'est couru d'avance, le prof d'histoire se sentira vite seule, la très chère et, croyez-moi, elle ne tardera pas à s'ennuyer.
Vous pouvez tout de même (5) votre langue pendant une heure? J'en mets ma (6) à couper, avant une semaine, elle craque et nous (7) ce qu'on a. Alors on lui sortira tout : les zéros pour un rien, les accusations de copiage, les oppositions aux encouragements, les (8) – même si ce n'est pas moi que ça gêne –, etc. On lui déballera tout.
Les garçons se regardaient, indécis. Julien, le copain de ma copine Sophie, a tranché :
– Julia a raison, il faut tenir le (9). De toute façon, on n'a pas le choix. Si on se plaint, l'administration nous rira au nez. Devant les élèves, un prof ne peut avoir (10).

S. Florian Pouilloux, *Le Garçon manqué*,
Nathan, « Poche Nathan ».

Comment l'aider si sa lecture est peu précise

Des causes différentes engendrent les mêmes constats : « Il ne sait pas lire. » Certains enfants ont tendance à deviner certains mots plutôt qu'à les lire avec exactitude. Cela correspond à leur style d'apprentissage : photographe ou réalisateur (voir p. 33 et 35). Leur démarche naturelle est globale, analogique. De ce fait, ces enfants ont tendance à utiliser essentiellement la stratégie descendante (voir p. 87) : ils s'appuient sur leur expérience, sur la partie du texte déjà lue pour prévoir la suite. Comme ils sont prompts à établir des associations, ils inventent parfois plus qu'ils ne lisent. Ils ont une compréhension d'ensemble de ce qu'ils ont lu mais ne prêtent pas attention aux détails.

Si lire *vélo* au lieu de *bicyclette* n'a pas de fâcheuses conséquences dans un récit, il existe d'autres écrits où la lecture doit être exacte, par exemple, les énoncés, les textes qui expliquent (écrits rencontrés dans toutes les disciplines), les modes d'emploi. De ce fait, il est important d'agir afin de ne pas laisser s'installer l'habitude de prévoir sans vérifier l'exactitude des prévisions. Pour connaître la tendance de l'enfant, posez-lui quelques questions à l'issue d'une lecture ou demandez-lui de raconter l'histoire. S'il ne peut répondre à des questions précises ou s'il raconte les grandes lignes de l'histoire en se trompant parfois sur certains points, il a tendance à se livrer au «jeu de la devinette sans contrôle».

Les objectifs de cette partie expliqués à l'enfant

Dites-lui en substance : «Chaque mot, comme chaque personne, forme un ensemble unique qu'un lecteur habile reconnaît avec exactitude, sans se tromper. Un tel lecteur saisit les mots avec exactitude. C'est pourquoi tu vas t'entraîner à développer ta précision visuelle. Tu éviteras le piège des mots qui se ressemblent (bouche, douche, mouche, louche...). Suis deux règles du jeu : accélère la vitesse, fais de moins en moins d'erreurs.»

Activités

Le vocabulaire utilisé dans ces activités est constitué de mots fréquemment rencontrés par les enfants. L'objectif est d'identifier avec le plus de rapidité possible les mots dont la fréquence est la plus grande. C'est particulièrement important lorsqu'on sait que la présence d'éléments déjà connus est considérable dans les textes courants. Une des visées de ces activités est, précisément, de conduire le lecteur à reconnaître immédiatement un certain nombre de mots courants.

Le travail porte à la fois sur la précision de la saisie visuelle et sur l'habileté à manier le vocabulaire : jongler avec les synonymes, les antonymes, avec les mots appartenant à un même thème…

☐ Complète la série (6e, 5e)

Demandez-lui de vous indiquer le mot en italique qui complète chaque série.

1. orage – éclair – tonnerre	*foudre – poudre – coudre*
2. vieux – enfant – adulte	*jeune – jaune – jeûner*
3. combat – attaque – assaut	*lutte – butte – hutte*
4. mâcher – mastiquer – déguster	*danger – manger – ranger*
5. œuf – couver – coquille	*boule – poule – moule*

☐ Évite les pièges (6e, 5e)

1. À chaque mot de la série 1 correspond, dans la série 2, un mot de sens contraire, un antonyme. Trouve-le en évitant les pièges.

Série 1 : 1. léger – 2. étroit – 3. mal – 4. coupable – 5. aigu – 6. guerre – 7. optimiste – 8. travailler – 9. commencer – 10 jamais.
Série 2 : a. acheter – b. brave – c. jouer – d. innocent – e. toujours – f. sourd – g. grave – h. rein – i. pessimiste – j. achever – k. rien – l. large – m. paix – n. lourd – o. bien.

2. À chaque mot de la série 1 correspond, dans la série 2, un mot de sens voisin, un synonyme. Trouve-le en évitant les pièges.

Série 1 : 1. briser – 2. égaré – 3. certain – 4. frêle – 5. peur – 6. décorer – 7. audacieux – 8. commencer – 9. chuchoter – 10. permettre.
Série 2 : a. frayeur – b. autoriser – c. tasser – d. fragile – e. murmurer – f. mardi – g. orner – h. casser – i. perdu – j. débuter – k. chasser – l. hardi – m. sûr – n. perdu.

☐ Rassemble les mots autour d'une idée (6e, 5e)

Demandez-lui de trouver aussi vite que possible dans la série les mots qui se rapportent à la joie.

mai – discussion – heure – enchanté – soupir – peureux – bête – échanger – souris – cire – rôle – heureux – pire – gai – frôler – haineux – drôle – soyeux – plaisir – tête – rire – garantir – fête – enchaîné – mire – sourire – frêle – joyeux – disparition – revenir – repentir – divertir – saisir – choisir – frère.

COMMENT L'AIDER À LIRE PLUS RAPIDEMENT

«Ils lisent comme ils bêchent, une motte de terre après l'autre; et tout l'esprit est au tranchant de la bêche», écrivait le philosophe Alain. Le constat «Il ne sait pas lire» peut aussi être engendré par une lecture trop lente. Si l'enfant est dans ce cas, il oublie le début de la phrase quand il la termine et, de ce fait, éprouve des difficultés à saisir le sens. La vitesse est une des conditions du «bien lire». Au-dessous d'une certaine allure (160 à 180 mots à la minute), le lecteur suit péniblement le fil du texte et ne parvient pas toujours à comprendre.

De nombreuses études montrent que vitesse et compréhension vont de pair. Ce sont, en règle générale, les lecteurs rapides qui ont les meilleurs scores de compréhension. Il est vrai que certains enfants mettent en œuvre des stratégies détournées pour capter des informations et arrivent à un bon score malgré leur peu de rapidité. Mais ils y parviennent au prix d'un effort considérable qu'ils ne peuvent accomplir que sur un bref parcours : un exercice, un test. Dès que la quantité à lire augmente, notamment dans toutes les activités où il faut utiliser l'écrit, l'entreprise se révèle beaucoup plus hasardeuse. La lassitude et l'abandon surviennent à une plus ou moins longue échéance.

Les conseils suivants vous permettront d'aider votre enfant. Soyez toujours attentif à l'évolution de sa lecture. Il ne s'agit pas de lire vite à tout prix : l'objectif est d'augmenter la rapidité pour favoriser une meilleure compréhension. Si les résultats en compréhension chutent, l'enfant a probablement brûlé les étapes. Il faudra veiller à ce qu'il trouve la vitesse adéquate à tel stade de sa progression.

Les objectifs de cette partie expliqués à l'enfant

Dites-lui en substance : «Tout comme un cycliste a besoin d'atteindre une certaine vitesse pour être en équilibre sur son vélo, le lecteur a besoin d'atteindre une vitesse minimale pour lire avec aisance et parvenir à une meilleure compréhension.

Vitesse et compréhension sont, tu le vois, bons amis en lecture. Attention cependant! Lis le plus rapidement possible mais, dès que ta compréhension est moins bonne, ralentis un peu. Quelque temps plus tard, avec un peu d'entraînement, tu pourras accélérer de nouveau. Trouve ta vitesse de croisière. »

Observation

Pour augmenter la vitesse de lecture, il est souvent suffisant d'observer le comportement de l'enfant, d'analyser avec lui son mode de lecture. Les facteurs susceptibles de ralentir le processus seront ainsi mis au jour. Ces derniers peuvent être au nombre de trois.

☐ Anxiété

Dans certains cas, la cause est un manque de confiance, sorte d'anxiété très répandue dans la lecture. Faites-le alors lire à un rythme plus soutenu, en lui fixant par exemple un temps déterminé, plus court que d'ordinaire, pour parcourir un passage. À l'issue de la lecture, posez-lui quelques questions. La plupart du temps, il se rendra compte qu'il a aussi bien compris en allant de l'avant plus rapidement. Cette découverte sera souvent suffisante pour lever les blocages et modifier la conduite de la lecture.

☐ Oralisation systématique

Il a peut-être pris l'habitude de lire oralement. Cette habitude ralentit la lecture. En effet, la lecture silencieuse s'effectue trois fois plus vite que la lecture oralisée. Voici deux expériences qui pourront servir de preuves à l'enfant.

☐ Expériences

1. Déclenchez un chronomètre ou notez l'heure exacte à l'aide d'une montre qui indique les secondes. Demandez-lui de lire silencieusement une phrase et notez le temps mis. Demandez-lui ensuite de lire la même phrase à voix haute ; comparez le temps mis dans les deux cas de figure. Le résultat est parlant.

2. Demandez-lui s'il peut voir d'un seul coup d'œil ces deux mots : « un chien » ? Posez-lui ensuite la question : « Peux-tu prononcer ces deux mots en même temps ? »

L'enfant et vous-même en déduirez qu'il est plus rapide de lire silencieusement La prononciation oblige en effet le lecteur à lire syllabe par syllabe, mot par mot.

□ Retours en arrière

Il est prouvé que le regard du lecteur entraîné progresse régulièrement, sans hésitation, le long des lignes d'un texte, alors que l'œil du lecteur peu confirmé se propulse irrégulièrement et effectue de fréquents retours en arrière. Cette habitude de revenir en arrière à tout propos pour vérifier un mot, une phrase, un nom, ralentit la lecture.

En présence d'un texte vraiment difficile, il peut parfois être opportun d'opérer un retour en arrière mais, la plupart du temps, ce n'est pas la peine. Si le lecteur bute sur un mot inconnu, il est préférable, dans un premier temps, de poursuivre la lecture plutôt que de régresser. Le plus souvent, la suite éclaire le sens de ce qui paraissait obscur au départ.

Cette impulsion à régresser, très fréquente aussi chez les adultes, est provoquée par des motifs variés. Dans la plupart des cas, le retour en arrière est dû à un manque de confiance qui pousse à vouloir tout vérifier. Certains lecteurs se comportent comme s'ils n'osaient pas aller de l'avant. En s'entraînant à aller de l'avant sans régresser, ils s'apercevront qu'il est plus facile de retenir ce qu'ils lisent quand ils en prennent une vue d'ensemble rapide et active. Encouragés à ne pas revenir en arrière mais à poursuivre, et, convaincus grâce à quelques questions sur ce qu'ils ont lu, les lecteurs augmentent considérablement leur vitesse de lecture en quelques semaines.

L'habitude de revenir en arrière est quelquefois tellement ancrée qu'il est nécessaire d'avoir recours à une aide matérielle : conseillez à l'enfant d'utiliser une règle plate ou une feuille pour cacher les lignes au fur et à mesure de la progression.

Il faut noter que, dans le cadre scolaire, la fréquence des lectures expliquées portant sur des textes courts entretient la lenteur, le mot à mot, les retours en arrière.

Le simple fait de ne pas prononcer sa lecture et de ne pas revenir en arrière fait déjà progresser l'enfant. À condition de les chronométrer, les activités proposées dans la partie «Comment l'aider si sa lecture est peu précise» pourront compléter cette partie.

COMMENT L'AIDER S'IL ÉPROUVE DES DIFFICULTÉS À LIRE À VOIX HAUTE

Le verdict « Il ne sait pas lire » peut encore avoir une autre cause : l'enfant lit mal à voix haute. Le professeur de français en premier lieu, mais aussi tous les autres professeurs peuvent demander à un élève de lire à voix haute un passage du manuel ou d'un autre livre. S'il hésite, se trompe, l'enseignant en déduit que ses capacités de lecture sont insuffisantes.

C'est une grave erreur. La lecture orale n'est pas toujours significative du niveau de lecture. Elle permet de contrôler la capacité d'élocution et l'exactitude de la prononciation. Ces savoir-faire ne sont pas sans intérêt mais sont extérieurs à la véritable lecture qui consiste à construire du sens à partir d'un écrit. Or il est prouvé que certains enfants (et certains adultes) peuvent oraliser un texte sans faute et même y mettre le ton sans le comprendre, alors que d'autres, bien que trébuchant constamment et invertissant les syllabes, sont tout à fait à même d'accéder à la compréhension. Si ces lecteurs sont incapables d'une performance orale, c'est par timidité, par blocage affectif ou autre, mais leur comportement n'a rien à voir avec la lecture. Cet écueil, fréquent, est lourd de conséquences (voir le témoignage ci-après).

De plus, pour certains enfants, l'oralisation mobilise tant d'attention pour la production de sons qu'il ne reste rien pour la production de sens. Dans ce cas, la prononciation gêne l'activité de lecture véritable. J'ai rencontré de nombreux lecteurs, à tout âge, qui, après avoir lu à voix haute, relisaient ensuite des yeux le texte pour le comprendre.

Tout cela ne signifie nullement qu'il faut condamner la lecture à voix haute mais être conscient qu'il s'agit d'une activité en marge de la lecture proprement dite. Lorsque l'enfant en est au stade des premiers apprentissages, elle peut permettre de vérifier sa prononciation. Par la suite, elle est utile dans une situation de communication. L'enfant ou l'adulte lit un texte à des auditeurs qui n'ont pas le même texte sous les yeux pour qu'ils en prennent connaissance. Sinon, la lecture à voix haute ne présente aucun intérêt.

C'est pourquoi, si votre enfant sait utiliser l'écrit pour effectuer les différentes tâches scolaires ou pour se distraire, mais refuse la lecture à voix haute, n'insistez pas et ne vous faites aucun souci. L'oralisation lui rappelle sans doute de mauvais souvenirs : les erreurs commises devant témoins à l'école élémentaire. Un jour, lorsqu'il sera prêt, il surmontera ses craintes et vous l'entendrez lire à voix haute une rédaction qui lui aura valu une bonne note par exemple.

Si vous n'avez aucune activité particulière à mettre en œuvre pour cette difficulté, vous pouvez toutefois proposer à l'enfant de jouer un rôle dans une petite pièce avec son frère, sa sœur ou un ami. Il aura alors recours à la lecture à voix haute pour découvrir et répéter ses répliques. Il verra peut-être d'un tout autre œil ce type de lecture car elle s'inscrira dans une situation de communication.

Témoignage

Depuis le CE1, un enfant lisait péniblement à voix haute. De classe en classe, les enseignants, mis au courant par leurs collègues, pensaient le faire progresser en lui demandant de lire et de relire oralement mais la situation, loin de s'arranger, se dégradait. Une épée de Damoclès était suspendue au-dessus de cet enfant : redoublement, constat sans appel et sans nuance sur son manque de capacité en lecture. Cet élève, par ailleurs, suivait une scolarité, non pas brillante, mais normale : il savait ses leçons, faisait son travail, activités pour lesquelles il était sans cesse amené à lire. Or, personne ne semblait y prêter attention.

Le collège arriva, l'enfant traversa par miracle la 6e sans que personne semble remarquer sa difficulté. Malheureusement, en 5e, le professeur de français découvrit le point faible de l'élève. Il s'empressa de noter sur le carnet scolaire : «Ne sait même pas lire.» Cette annotation, commentée en salle des professeurs, changea le regard des autres enseignants de la classe qui, à la fin de l'année, décidèrent de faire redoubler cet élève. Ce dernier, déjà fragilisé par ce qu'il avait vécu à l'école élémentaire, ne surmonta jamais ce redoublement. Pendant le reste de sa scolarité, il s'est toujours senti dévalorisé, différent des autres. Lorsqu'il alla écouter les résultats du baccalauréat proclamés dans un silence total, dans la cour d'un vieux lycée parisien, il attendit impatiemment, mais sans grand espoir, son nom. Quand il l'entendit, il sauta de joie et s'écria : «Oui, ils vont reconnaître que je ne suis pas un con!» Ses études supérieures se sont bien déroulées mais il reste chez lui une souffrance, une blessure mal cicatrisée.

Ce témoignage montre à quel point les enseignants devraient mesurer la portée d'un jugement négatif, surtout dans le domaine de la lecture. Si quelqu'un avait pensé à faire remarquer que, malgré son peu d'habileté en lecture à voix haute, l'enfant était tout à fait à même de comprendre et d'utiliser l'écrit, tout serait rentré dans l'ordre. À l'opposé, dans le cas présent, les professeurs ont aggravé la situation en l'amplifiant au lieu de la minimiser.

J'ai bien connu cet enfant et il me semble avoir compris, hélas trop tard, la cause du problème. Pensant agir au mieux, sa mère a commencé à travailler lorsque son fils est entré au CP. Il semble que le petit garçon ait plus ou moins ressenti cette situation comme un abandon. Son désarroi l'a conduit à un blocage en lecture à voix haute et à voix haute uniquement. On sait maintenant qu'il est préférable de ne pas avoir de changement familial important (déménagement, arrivée d'un petit frère ou d'une petite sœur, divorce...) aux moments clés de la scolarité : entrée en maternelle, au CP, au collège. Mais, si vous vous trouvez dans un de ces cas, ne culpabilisez pas, on n'a pas toujours le choix.

6

« Trop d'étourderies »

Sur le même registre, vous trouverez : « Devoirs incomplets », « Ne lit pas les énoncés », « De nombreuses erreurs dues à une mauvaise lecture des énoncés », « Ne réfléchit pas assez à ce qui lui est demandé »...

QU'EST-CE QUE CELA VEUT DIRE ?

Toutes ces remarques mettent en évidence une lecture incomplète des énoncés. De nombreux élèves sont dans ce cas. Or, ils ne peuvent « avoir bon » s'ils n'ont pas saisi ce qu'on leur demandait. Les énoncés sont le type même d'écrits qui requièrent une analyse et ne peuvent se contenter d'un survol approximatif : les « petits mots » sont parfois les plus importants. Pourtant, il est rare qu'un travail soit effectué en classe pour surmonter ce type de difficultés. Cette situation est d'autant plus dommageable que, d'une part, elle concerne toutes les disciplines, et que, d'autre part, les professeurs mettent parfois en cause, dans ce cas, le niveau de l'élève dans la matière qu'ils enseignent.

Plutôt que d'intervenir pour chaque activité, faites découvrir à l'enfant la marche à suivre pour lire un énoncé d'exercice en français, en mathématiques, pour traiter un sujet de rédaction ou tout autre sujet. L'enfant aura en sa possession la clé qui lui permettra de réaliser ses travaux scolaires sans risquer un mauvais aiguillage. Ce savoir-faire lui rendra service dans toutes les classes.

Trois types d'énoncés sont étudiés dans ce chapitre : énoncé d'un exercice, énoncé d'un sujet de rédaction, énoncé d'un sujet dans différentes disciplines.

Les exemples présentés vous évitent de chercher les différents cas de figure possibles mais vous pouvez tout à fait partir de l'énoncé dont l'enfant a besoin pour le travail du jour. Cette manière de procéder sera plus motivante pour lui.

Les objectifs de ce chapitre expliqués à l'enfant

Dites-lui en substance : « As-tu quelquefois été déçu par une note, alors que tu pensais avoir réussi ? Tu as peut-être mal lu l'énoncé et, alors, tu n'as pas fait ce qui était demandé. Nous allons effectuer un travail pour que ce genre de mauvaise surprise ne t'arrive plus ».

Comment l'aider à tirer parti de l'énoncé d'un exercice de français

Les énoncés indiquent la tâche à accomplir. Ils comportent aussi d'autres éléments : présentation de l'exercice, sorte de mise en scène, précisions, conseils, exemples. Quant à la consigne proprement dite, elle peut prendre des formes différentes. Ces distinctions ne sont pas évidentes pour l'enfant.

Observation

Dites à l'enfant : « Voici des énoncés tels que tu les trouves dans les livres de textes ou de grammaire. Lis-les. Ont-ils des points communs ? Ils comportent plusieurs parties, lesquelles ? Quelle est, dans chaque énoncé, l'expression qui t'indique ce que tu dois faire ? Comment se présente-t-elle ? »

1. Voici les moments essentiels de l'histoire. Rétablissez l'ordre dans lequel ils se sont déroulés.
2. Dans le texte, des mots ont disparu. Trouvez-les et écrivez-les en notant leur numéro. Lisez une première fois le texte pour comprendre le récit.
3. En employant les temps indiqués entre parenthèses pour les verbes soulignés, complétez à votre guise les phrases suivantes.
Exemple : *Il a plu* (plus-que-parfait) → *Il avait plu cette nuit-là : la terre était inondée.*
4. Les articles de journaux ont souvent pour titres, non des phrases avec un verbe, mais de simples groupes nominaux. Transformez les phrases ci-dessous en suivant ce modèle.
Un voilier disparaît au large de Biarritz → Disparition d'un voilier au large de Biarritz.
5. Qui raconte le texte ? À qui ? Cherchez les traces de leur échange dans le texte.
6. Dans chacune des phrases suivantes, des mots qui se suivent, pris isolément, peuvent avoir un tout autre sens si l'on introduit un trait d'union.
   a. Quels sont ces mots ? Copiez le nouveau mot trouvé.
   Exemple : *Sylvestre a une très belle sœur → belle-sœur (l'épouse du frère ou du beau-frère).*
   b. Imaginez ensuite une phrase avec le mot ainsi constitué.
7. Lisez le texte. Quels détails sont donnés sur les lieux de l'action ? Relevez-les. Quel est leur point commun ?
8. Relevez dans la première réplique tous les mots qui signifient l'affection. À partir de quelle réplique le père du héros change-t-il d'attitude ?

Repères

L'énoncé fournit toutes les indications nécessaires pour réaliser l'exercice. Que comporte-t-il ? Comment le lire ?

Un énoncé comporte toujours une consigne qui précise ce que tu dois faire : ton rôle. Cette consigne peut se présenter de deux façons.

1. Elle contient un verbe, accompagné, le plus souvent, d'un complément (*rétablissez* + *l'ordre* dans l'énoncé 1). Certains verbes mentionnent uniquement ce que tu dois faire «avec ta tête» (*rétablissez* dans l'énoncé 1, *trouvez* dans l'énoncé 2). C'est le cas dans les livres : pas question d'y inscrire ta réponse ! Tu la notes sur une feuille ou sur un cahier. D'autres verbes indiquent ce que tu dois faire « avec tes mains » (*écrivez* dans l'énoncé 2) après l'avoir fait «avec ta tête» évidemment.

2. Elle contient une ou deux questions. Vous reconnaissez les questions grâce à leur point d'interrogation (*Qui raconte le texte ?* dans l'énoncé 5).

L'énoncé comporte parfois d'autres éléments.

– Il présente l'exercice, le matériel sur lequel tu vas travailler : il s'agit d'une sorte de mise en scène (*Dans le texte, des mots ont disparu* dans l'énoncé 2).

– Il donne des conseils (*Lisez une première fois le texte pour comprendre le récit* dans l'énoncé 2), des précisions (*en notant leur numéro* dans l'énoncé 2).

– Il fournit un exemple qui facilite ta tâche (*Il a plu* [plus que parfait] → *Il avait plu cette nuit-là : la terre était inondée* dans l'énoncé 3). Regarde-le, commente-le et agis de même.

Comment lire un énoncé sans se tromper

Voici un scénario en six étapes pour ne pas risquer de mauvais aiguillages.

1. Commence par lire en entier l'énoncé sans sauter de mots. Les « petits mots » peuvent être importants.

2. Distingue les différentes parties de l'énoncé, sépare-les par un trait de crayon s'il s'agit d'un cahier d'exercices :

– les verbes de consigne ;
– le(s) complément(s) qui accompagne(nt) chacun d'entre eux ;
– les mots interrogatifs ;
– les questions reconnaissables à leur point d'interrogation ;
– les précisions, les conseils ;
– les exemples.

Attention ! Un énoncé comporte souvent plusieurs tâches à effectuer, ne t'arrête pas en cours de route.

3. Dégage la connaissance mise en jeu dans la question. Par exemple, le plus-que-parfait dans l'énoncé 3, les groupes nominaux dans l'énoncé 4.

4. Souviens-toi de ce qui se rapporte à la notion mise en jeu : tu l'as étudiée en classe. Fais-la revenir « dans ta tête » : revois ton livre, redis ce que tu as appris.

5. Vérifie ta réponse et note-la. Assure-toi qu'elle correspond à ce qui est demandé et qu'elle est complète. Pour cela, procède à des allers-retours entre l'énoncé et ce que tu as écrit.

Activités

☐ Décortique les énoncés (de la 6e à la 3e)

Cet exercice conduit l'enfant à savoir distinguer les différentes parties d'un énoncé et, ainsi, à prendre en compte tous les éléments fournis. Dites-lui de relire les énoncés de l'observation et, pour chacun d'eux, d'indiquer les différentes parties en s'aidant des «Repères».

☐ Retrouve la consigne (de la 6e à la 3e)

Le but est ici de familiariser les enfants avec les énoncés en leur faisant associer un travail effectué et l'énoncé correspondant. Dites à l'enfant ou à l'ado qu'un élève a fini son travail; à lui de trouver ce qui était demandé en choisissant parmi les consignes proposées.

Réponses à l'exercice (en italique)
1. gentil – joyeusement – gai – soleil – rêveur.
gentil – gai – rêveur.
2. La <u>foudre</u> est tombée sur le <u>toit</u>.
foudre : nom féminin – toit : nom masculin.
3. chien – notaire – chanteur – acteur – auteur.
chienne – notaire – chanteuse – actrice – auteur.
4. Le joueur de tennis gagne le tournoi.
Le joueur de tennis gagnera le tournoi.
5. Le skieur dévale la pente.
Le skieur ne dévale pas la pente.
6. Le roi annonça son jugement d'une voix ferme.
son jugement.
7. Nous essayons un nouveau trajet.
Nous avons essayé un nouveau trajet.

Consignes
a. Mettez au féminin.
b. Relevez les adjectifs qualificatifs.
c. Écrivez le verbe au futur.
d. Donnez la nature et le genre des mots soulignés.
e. Mettez la phrase à la forme négative.
f. Mettez le verbe au passé composé.
g. Écrivez le complément d'objet direct.

☐ Manie les verbes de consigne (de la 6e à la 3e)

Les verbes de consigne utilisés jusqu'en 3e sont relativement peu nombreux, une trentaine environ. L'expérience montre cependant que les élèves ne les connaissent pas toujours. Il s'agit de faire découvrir à l'enfant ce que signifie précisément chacun d'entre eux.

Dites-lui : « Voici des verbes de consigne (1, 2, 3...). Note le travail à effectuer parmi les différentes propositions (a, b, c...). » (Plusieurs verbes peuvent désigner le même travail.)

Verbes

1. chercher – 2. justifier – 3. nommer – 4. citer – 5. remplacer – 6. préciser – 7. trouver (le ou les mots...) – 8. expliquer – 9. montrer – 10. relever (un mot...) – 11. déduire – 12. définir – 13. classer – 14. compléter – 15. commenter (l'ordre des mots...) – 16. proposer (un synonyme...) – 17. indiquer (le temps...) – 18. transposer (au discours indirect...) – 19. décomposer (le mot...) – 20. énumérer – 21. transformer (la phrase...).

Travail à effectuer

a. noter – b. noter la ou les raisons – c. noter l'un après l'autre – d. donner un nom – e. conclure, trouver par un raisonnement – f. changer, modifier – g. noter les éléments qui composent le ou la... – h. donner le sens – i. mettre dans l'ordre – j. terminer, achever.

☐ Anticiper et écrire une consigne de grammaire (de la 6e à la 3e)

L'enfant dispose d'exercices terminés. À lui de trouver ce qui avait été demandé. Amenez-le à imaginer lui-même les énoncés. Anticiper les tâches le conduit à adopter une attitude active. Lorsque l'enseigné peut se mettre à la place de l'enseignant, il possède un atout considérable.

Dites-lui qu'un élève a fini son travail mais que la consigne a disparu. Demandez-lui de retrouver ce qui était demandé et de rédiger les consignes comme s'il était professeur.

1. On a rangé nos affaires.
On n'a pas rangé nos affaires.

2. Je ne m'attendais pas à cet accueil *glacial.*
Un vent glacial me surprit et arrêta mon élan.

3. canoë – barque – voilier – péniche.
bateau.

4. courir – sauter – salir – manger – cuire.
courir : 3e groupe – sauter : 1er groupe – salir : 2e groupe – manger : 1er groupe – cuire : 3e groupe.

5. Les lions (rugir) et les gazelles (se cacher) – Il (trouver) un trésor – Tu (aimer) regarder les étoiles – Tu (aller) à la piscine – Nous vous (souhaiter) un joyeux Noël.
rugissent – se cachent – trouve – aimes – vas – souhaitons.

□ Vérifie les exercices (de la 6e à la 3e)

L'enfant doit ici compléter le travail effectué par d'autres élèves, ce qui l'amène à prendre conscience des erreurs que peut entraîner la lecture trop rapide d'un énoncé. Dites-lui : «Voici des exercices effectués par des élèves. Vérifie s'ils sont complets. S'ils ne le sont pas, indique ce qui manque.»

1. Relevez les sujets et donnez leur nature.
Nous partons à la montagne. Les touristes descendent du car.
Nous *Les touristes*

2. Accordez les adjectifs entre parenthèses. Indiquez leur genre et leur nombre.
a. de (long) moments de silence *b. une souris (gris)*
a. masculin pluriel *b. féminin singulier*

3. Cherchez l'intrus parmi les quatre verbes. Dites pourquoi c'est un intrus.
Je dis – je lis – je ris – je crie.
Parce que c'est un verbe du premier groupe. Les autres sont du 3e groupe.

4. Indiquez la nature des mots soulignés et mettez la phrase au pluriel.
Le voyageur déposa sa valise à la consigne.
Les voyageurs déposèrent leur valise à la consigne.

5. Quel est le participe passé des verbes suivants ? Employez-les dans une phrase.
Croire – conduire – promettre.
Cru – conduit – promis.

COMMENT L'AIDER À TIRER PARTI DE L'ÉNONCÉ D'UN PROBLÈME DE MATHÉMATIQUES

Les énoncés de mathématiques présentent une difficulté supplémentaire. En effet, dans cette discipline, les énoncés se présentent souvent sous forme de mini-récits dans lesquels on peut distinguer deux catégories de données : celles qui pourraient être remplacées par d'autres et celles qui sont indispensables pour résoudre le problème. Par exemple, dans l'énoncé « Avant de faire l'inventaire de son stock, un libraire accorde 15 % de remise pour deux livres achetés dans la collection "Se documenter" ; un client achète quatre livres de cette collection à 15 euros pièce. Combien dépensera-t-il ? », peu importe que le libraire effectue un inventaire, peu importe aussi le nom de la collection.

Observation

Demandez à l'enfant d'observer ces deux énoncés. Que demande-t-on à l'élève ? Comment cette consigne est-elle formulée ?

1. Baptiste et son père partent en ville faire des courses. Ils ont envie de se procurer des jumelles. Dans un premier magasin, une paire de jumelles coûte 29 euros hors taxe, prix auquel il faut rajouter la TVA de 17,60 %. Dans un deuxième magasin, la même paire est vendue 34 euros toutes taxes comprises. Dans quel magasin est-il plus avantageux d'acheter une paire de jumelles ?
2. Le restaurant scolaire de la ville de Vaugrigneuse est apprécié des élèves. Il fonctionne 5 jours par semaine et sert en moyenne 130 repas par jour. Le prix de revient d'un repas, tous frais compris, s'élève à 1,77 euro. Calculez la dépense à prévoir pour un trimestre de 11 semaines de classe.

Repères

□ Que comporte un énoncé de mathématiques ?

1. Un énoncé comporte toujours une *consigne* qui précise le travail à effectuer. Il peut se présenter de deux façons :

– La consigne se présente sous forme d'une ou de plusieurs *questions*. Tu reconnais les questions grâce au point d'interrogation qui terminent les phrases. Par exemple : « Dans quel magasin... ? » dans l'énoncé 1.

– La consigne se compose d'*un verbe suivi d'un complément*. Par exemple, « Calculez » (verbe) + « la dépense » (complément) dans l'énoncé 2.

2. L'énoncé comporte une *partie informative* qui, comme dans l'énoncé d'exercice de français, constitue une sorte de « mise en scène». Par exemple : «Baptiste et son père partent en ville faire des courses» dans l'énoncé 1, «Le restaurant scolaire de Vaugrigneuse est apprécié des élèves. Il fonctionne 5 jours par semaine et sert en moyenne 130 repas par jour» dans l'énoncé 2.

Attention! Dans cette partie, certaines informations sont indispensables pour résoudre le problème : tu les gardes; d'autres ne présentent aucune importance pour le problème : tu peux les remplacer par des informations différentes, tu les élimines. Par exemple, dans l'énoncé 1, la partie informative ne donne pas d'informations à retenir : le fait que les personnages «partent en ville faire des courses» n'apporte rien au problème. Dans l'énoncé 2, la partie informative donne des informations à retenir : «Il fonctionne 5 jours par semaine et sert en moyenne 130 repas par jour.» En revanche, «est apprécié des élèves» est une information inutile pour le problème.

3. L'énoncé donne parfois des précisions, des conseils.

4. L'énoncé fournit parfois un exemple qui te facilite le travail : regarde-le et agis de même.

Comment lire un énoncé de problème et ne pas te tromper

– Lis en entier l'énoncé sans sauter de mots.
– Pose-toi la question : à quel cours, à quelle notion te fait-il penser? Quand tu as trouvé la notion, fais-la revenir dans ta tête : revois-la ou redis-la ou écris-la.
– Délimite chaque partie de l'énoncé en la séparant par un trait s'il s'agit d'un cahier.
– Souligne ou note les verbes des consignes, les mots interrogatifs (que, quand...).
– Distingue, dans la partie informative, les informations utiles (soulignes-les ou note-les) et les informations inutiles (barre-les ou ne les note pas).

Deux bons conseils

Vérifie si ce que tu as fait correspond à ce qui était demandé, si tu n'as rien oublié. Certains énoncés te demandent parfois d'effectuer plusieurs tâches, ne t'arrête pas en cours de route!
Vérifie aussi que ta réponse est plausible : par exemple, si tu trouves qu'il faut neuf kilos de chocolat pour faire un gâteau pour quatre personnes, tu as dû faire une erreur...

Activités

☐ Décortique un énoncé en mathématiques (dès la 6e)

Voici des énoncés de problèmes de mathématiques. Pour chaque énoncé, indique :

– la « mise en scène » (il peut ne pas y en avoir) ;

– les informations indispensables pour résoudre le problème ;

– la ou les consignes en précisant si elles se présentent sous forme de question(s) ou sous la forme d'un verbe suivi d'un complément ;

– la ou les précisions, le ou les conseils (il peut ne pas y en avoir).

1. Une bibliothèque a une hauteur totale de 1,50 m et elle est divisée en 6 compartiments égaux par des planches de 1,5 cm d'épaisseur. Le bord inférieur de la planche la plus basse est situé à 7,5 cm du sol et la planche la plus haute est placée au-dessus des montants latéraux qu'elle recouvre entièrement. Calculez la hauteur disponible dans chaque compartiment en établissant d'abord un croquis d'étude.
2. Quand on se sert d'un double décimètre, on peut estimer le demi-millimètre. Dessinez 4 segments aussi soigneusement que possible et donnez, en prenant pour unité de longueur le centimètre, leurs mesures à 0,5 mm près (en plus ou en moins).
3. Pour aller au collège, qui est à 170 m de chez lui, Brian remarque qu'il fait 265 pas. En terrain plat, son pas est d'environ 0,63 m. Pour atteindre le collège, une partie du chemin est en pente et là il doit réduire son pas de 5 cm. Pouvez-vous en déduire la longueur de la montée ? Donnez une réponse raisonnable.
4. Trois classes comprenant 24, 36 et 38 élèves assistent à une représentation dans une salle dont toutes les rangées doivent être occupées, mais où les classes doivent rester séparées. Combien devra-t-on placer d'élèves par rangée pour occuper le moins possible de rangées ? Combien de rangées chaque classe occupe-t-elle alors ?
5. Samedi après-midi, le marchand de glaces a vendu 138 cornets simples à 0,62 euro, et 152 cornets doubles à 0,90 euro. Combien le marchand de glaces avait-il dans sa caisse le samedi soir ?

☐ Complète les énoncés de problèmes (6e, 5e)

La partie informative des énoncés de problèmes est fournie. L'enfant doit choisir, parmi les consignes proposées, celle qui convient dans chaque cas de figure. Ce travail est un premier pas vers l'anticipation de la consigne. Cette capacité est une des clés de la réussite scolaire.

Dites-lui que les énoncés de problèmes (1, 2, 3, etc.) sont incomplets. À lui de les terminer en choisissant parmi les consignes proposées (a, b, c...) celle qui serait réalisable.

1. Un épicier effectue la livraison suivante : 5 kg de sucre à 1,80 euro le kg; 2,500 kg de riz à 1,10 euro le kg; 3 litres d'huile d'olive à 1,90 euro le litre.
   a. Calculez le nombre de km parcourus par l'épicier.
   b. Calculez le montant de la livraison.
   c. Calculez le nombre de litres d'essence consommés au cours de la livraison.
2. Un marchand de bestiaux achète un lot de 150 moutons à 250 euros l'un. Il désire les revendre en gagnant 15 % sur le prix d'achat.
   a. Quel est le prix de vente d'un mouton?
   b. Combien de clients rencontre le marchand?
   c. Quel est le poids moyen d'un mouton?
3. Un avion vole à la vitesse moyenne de 1000 km/h. Il parcourt 1 500 km.
   a. À quelle heure est arrivé l'avion?
   b. Combien de passagers transporte l'avion?
   c. Quelle est la durée du vol?
4. Un enfant possède 100 jetons bleus, 120 jetons rouges et 150 jetons verts. Il range ses jetons dans des boîtes de façon à ce que chaque boîte contienne un même assortiment de jetons et que le nombre de boîtes soit le plus grand possible.
   a. Quelle est la composition de chaque boîte utilisée?
   b. Combien d'argent lui reste-t-il?
   c. Quel est le prix d'une boîte de jetons?

□ Anticipe et écris les consignes d'énoncés de problèmes (à partir de la 5e)

Comme dans l'exercice précédent, la partie informative des énoncés est fournie. Mais l'adolescent a ici à imaginer seul la consigne, sans aucune proposition. Cet exercice le conduit à se mettre à la place de l'enseignant, à jouer un rôle actif.

Dites-lui que les énoncés de problèmes sont incomplets. À lui de les terminer en imaginant la consigne.

1. Le départ de l'étape a été donné à 10 heures et le vainqueur a couru pendant 4 h 10 mn.
2. Au marché, M. Fécamp achète 0,650 kg de rillettes à 18,23 euros le kg et 0,250 g de saucisson. Il paie 12,10 euros.

3. Le professeur remet 35 euros à Émilie pour acheter 9 livres pour la fête du collège. Certains des livres ainsi achetés par Émilie coûtent 2,50 euros chacun et les autres 3,50 euros chacun.
4. Un commerçant a acheté une pièce de tissu de 28 m au prix de 2,10 euros le mètre. Il en revend d'abord 12,50 m à 1,75 euro le mètre, puis 8,30 m à 1,60 euro le mètre, et solde enfin le reste à 1,13 euro le mètre.
5. M. et Mme Boudaille achètent 3 fauteuils à 250 euros l'un et 2 canapés. Le prix du canapé est le double du prix du fauteuil.

□ Sélectionne les informations utiles pour résoudre un problème (de la 6e à la 3e)

Dites-lui de choisir, parmi les informations (a, b, c...), celles qui seraient utiles pour résoudre chaque problème.

1. Pour l'anniversaire de Fabien, son père part lui acheter une boîte de peinture, une maquette d'avion, un livre et un ballon. Quelle est la dépense totale ?
   a. Il a payé 10 euros le livre.
   b. Il emporte 85 euros.
   c. Il a payé 13 euros la maquette d'avion.
   d. La boîte de peinture coûte 58 euros.
   e. Le ballon est deux fois moins cher que la maquette d'avion.
2. M. et Mme Boursot louent un cheval pour chacun d'eux et un poney pour leurs enfants. Ils partent en randonnée quelques jours. Calculez le prix de cette randonnée.
   a. Le prix de location d'un cheval à la journée.
   b. Le prix de location d'un poney à la journée.
   c. L'âge des enfants.
   d. Le nombre d'enfants.
   e. La durée de la randonnée.
   f. La vitesse moyenne d'un cheval.
3. Un marchand achète 3 900 m de moquette. Il en vend une partie à 5 euros le mètre, mais il est obligé de solder le reste à 3 euros le mètre. A-t-il gagné ou perdu et combien ?
   a. Le nombre de clients.
   b. Le prix d'achat du mètre de moquette.
   c. Le nombre de mètres vendu à 5 euros.
   d. Le nombre de mètres vendus.

COMMENT L'AIDER À LIRE UN SUJET DE RÉDACTION

Statistiquement, les lycéens qui échouent au baccalauréat ont mal lu ou mal compris le sujet. Il en est de même pour les collégiens au brevet des collèges. Cet écueil est souvent provoqué par le stress qui les pousse à se précipiter sur le premier indice, à interpréter de manière trop hâtive l'énoncé. De ce fait, ils s'engagent dans une mauvaise direction. Ce qui est vrai pour les lycéens ou les élèves de 3e l'est, à plus forte raison, pour les collégiens plus jeunes.

Observation

Lis ces deux sujets de rédaction. Pour chaque sujet, indique :
– ce sur quoi porte la rédaction, son thème;
– ce que tu dois faire (raconter, expliquer...);
– le pronom personnel que tu emploieras (la première personne du singulier ou du pluriel [*je*, *nous*] ou la troisième personne du singulier ou du pluriel [*elle*, *il*]);
– les autres précisions données par le sujet.

1. Un de vos amis rêve d'adopter un chien mais ses parents ne sont pas d'accord. Imaginez la discussion qu'il a avec eux, les arguments employés par ses parents et les siens.
2. Vous êtes allé visiter une maison d'édition avec votre classe. Décrivez ce que vous avez vu et entendu en indiquant ce qui vous a particulièrement intéressé.

Repères

Quand tu lis un sujet de rédaction, pense à te poser les questions suivantes :

1. Sur quoi porte la rédaction (le thème)?

Par exemple, adopter un chien pour le sujet n° 1, visiter une maison d'édition pour le sujet n° 2.

2. Que dois-tu faire principalement?
   a. raconter;

b. décrire ;
c. expliquer ;
d. convaincre.

Par exemple, raconter pour le sujet n° 1, décrire pour le sujet n° 2.

3. À quelle personne faut-il écrire la rédaction ?
a. première personne du singulier ou du pluriel (je, nous) ;
b. troisième personne du singulier ou du pluriel (elle, il, elles, ils).

Par exemple, « il » pour le sujet n° 1 (il s'agit d'un de vos amis et non de vous) ; « je » et peut-être « nous » dans certains passages (c'est vous et votre classe qui êtes allés visiter une maison d'édition).

4. À quel temps verbal la rédaction doit-elle être écrite ?
a. au présent de l'indicatif ;
b. à l'imparfait de l'indicatif, au passé simple ou au passé composé ;
c. au futur de l'indicatif ;
d. à l'impératif présent.

Par exemple, au présent pour le sujet n° 1, à l'imparfait, au passé simple ou au passé composé pour le sujet n° 2.

5. Le sujet indique-t-il le lieu où doit se dérouler la rédaction ?

Par exemple, pas d'indication précise pour le sujet n° 1, mais la discussion va sans doute se passer chez votre ami ; dans une maison d'édition évidemment pour le sujet n° 2.

6. Le sujet va-t-il vous amener à faire une recherche au CDI ?

Par exemple, vous n'avez pas de recherche particulière à faire au CDI pour les sujets de l'observation mais, pour d'autres sujets, vous aurez à vous documenter.

7. Le sujet donne-t-il des précisions ou des conseils ?

Par exemple, le sujet n° 1 t'invite à raconter, mais, dans ton récit, il te faut indiquer ce que disent les personnages, leur discussion ; le sujet n° 2 te demande de décrire mais aussi de préciser ce qui t'a intéressé.

Quand tu auras fait le tour de ces questions, tu auras toutes les indications sur la manière de bien commencer ton écrit. En cours de route, pense à vérifier que tu es toujours sur la bonne voie.

Activités

□ Prends un bon départ pour ta rédaction en lisant à fond le sujet (de la 6e à la 3e)

Dites-lui de lire les sujets et, pour chacun d'eux, d'indiquer les éléments suivants :

a. le thème;

b. l'objectif (raconter, décrire...), il peut y en avoir deux;

c. les pronoms personnels à utiliser (je, nous, elle, elles, il, ils);

d. le temps à employer pour les verbes, il peut y en avoir plusieurs;

e. les précisions fournies par le sujet, par exemple : le lieu, la présence de dialogues, les sentiments des personnages...

1. Deux amis se rencontrent et engagent une conversation mais il y a un quiproquo; l'un parle de son chat et l'autre pense qu'il s'agit d'un de leurs amis qui porte le même nom. Rapportez la conversation.
2. Une nuit d'automne, en Écosse, dans un château hanté, un monstre hideux vous réveille ainsi que votre famille. Racontez la scène en indiquant les réactions de votre entourage.
3. Un élève explique à un autre élève pourquoi les dinosaures ont disparu. Rapportez, au discours direct, leur conversation.
4. Imaginez que votre ville soit privée d'électricité pendant vingt-quatre heures. Racontez et précisez ce que vous ressentez.
5. Faites le portrait d'une créature monstrueuse et terrifiante.

□ Trouve l'erreur (de la 6e à la 3e)

Dites à l'enfant de lire les deux sujets de rédaction et le début de chacune d'entre elles écrit par un élève. À lui d'indiquer ce qui ne convient pas et pourquoi.

Sujet 1 : «Bastien a fait un cauchemar : au cours d'une nuit il rêve que sa mamie s'est transformée en sorcière et qu'elle veut le transformer en potiron. Racontez le cauchemar.»

Passage 1 : *Hier, mes parents m'ont permis de regarder la télévision parce que je leur avais dit qu'un professeur nous avait conseillé de regarder un film. Or, il s'agissait d'un film plutôt effrayant. Je suis allée me coucher en frissonnant. Après m'être tourné et retourné dans mon lit, je finissais par trouver le sommeil.*

Sujet 2 : «Un jour, vos parents vous permettent de construire une cabane, rien qu'à vous. Décrivez-la en précisant comment vous vous y prenez pour la fabriquer.»

Passage 2 : *Quelle merveilleuse nouvelle! Les parents de Sylvain lui ont annoncé qu'ils lui donnaient la permission de construire une cabane parce que ses notes s'amélioraient. À chaque moment de liberté, Sylvain se rendait au fond du jardin pour mettre sur pied la cabane de ses rêves. Il a préparé le plan des différentes opérations nécessaires et son meilleur ami, Antonio, vient l'aider dès qu'il a un moment de liberté.*

COMMENT L'AIDER À TRAITER UN SUJET (À PARTIR DE LA 4e)

Dans certains cas, qui concernent non seulement le français mais d'autres disciplines, l'enfant doit traiter un sujet. Selon les situations, il fera appel à sa mémoire ou aura recours à des documents pour s'informer. Là encore, un des pièges est de préparer un travail hors sujet.

Observation

Demandez à votre enfant de lire les deux sujets suivants et, pour chacun d'entre eux, de répondre aux questions suivantes :

– quel est le thème?

– qu'est-ce qui est demandé? que faut-il faire? quel est le mot qui permet de le savoir?

– quelles précisions comporte le sujet?

1. Présentez deux situations où la liberté de la presse a porté atteinte à un individu. Vous pouvez chercher des exemples en histoire ou dans l'actualité. Précisez les conséquences de ces indiscrétions sur les victimes et donnez votre opinion en conclusion.
2. Étudiez les causes de la malnutrition chez l'enfant.

Repères

Pour traiter tout le sujet et rien que le sujet, pense à effectuer les opérations suivantes :

☐ Lire, reformuler, comparer

1. Lis d'abord le sujet en entier plusieurs fois pour t'en imprégner.
2. Cache le sujet et reformule-le avec tes propres mots.
3. Reviens au sujet et compare. À ce stade, tu peux mettre en évidence les mots clés.

☐ Passer le sujet au crible : TDP

1. T : cap sur le thème. Par exemple, dans le sujet 1, le thème est la « liberté de la presse », dans le sujet 2, il s'agit de la « malnutrition ».

2. D : cap sur la directive, exprimée par un verbe. La directive, c'est le rôle que le professeur te demande de jouer. Ainsi, les verbes « analyser », « exposer » t'invitent à décrire, sans prendre position. En revanche, les verbes « critiquer », « discuter », ou les sujets sous forme de question du type « Que pensez-vous de... ? » t'engagent à formuler ton opinion personnelle.

Dans certains cas, le verbe de directive est absent, par exemple, dans le sujet : « La situation des ouvriers au XIXe siècle. » Dans ce cas, le verbe, sous-entendu, est « exposer », « présenter », « définir ».

Par exemple, dans le sujet 1, la directive est « présentez », dans le sujet 2, la directive est « étudiez » ; tu n'as pas à donner ton propre avis.

3. P : cap sur les précisions. Le thème est toujours vague. Pour traiter le sujet et rien que le sujet, tiens compte des précisions. Ces précisions peuvent porter :

– sur la période (au siècle dernier, de nos jours...) ;

– sur le lieu (dans les pays en voie de développement, aux États-Unis...) ;

– sur les personnes concernées (les cadres, les retraités...) ;

– sur la manière de conduire ton travail.

Par exemple, dans le sujet 1, les précisions sont : « a porté atteinte à un individu », « vous pouvez chercher des exemples en histoire ou dans l'actualité », « précisez les conséquences → victimes », « donnez votre opinion en conclusion » ; dans le sujet 2, les précisions sont, d'une part, « les causes » et, d'autre part, « chez l'enfant ».

Activités

□ Cible le sujet (4e, 3e)

Dites à l'adolescent qu'un professeur de français a donné un exposé à préparer sur les sujets suivants. Pour chaque sujet, demandez-lui de noter le thème et les limites (il peut y en avoir plusieurs). Par exemple, sujet « Les causes des incendies de forêts », thème = les incendies de forêts ; limites = les causes.

1. Les avantages et les inconvénients des compétitions sportives.
2. Les mesures prises pour lutter contre le travail des enfants dans les pays du tiers-monde.
3. Les dangers qui menacent la forêt amazonienne.
4. Les espèces maritimes menacées.
5. Les conséquences de la révolution industrielle sur l'emploi.
6. L'évolution du tourisme depuis la Seconde Guerre mondiale.
7. Les étapes de la fabrication d'un livre.
8. Les parcs naturels en France.
9. Les solutions pour remédier au problème de la faim dans le monde.
10. Le rôle des agences de presse.

□ Ne t'égare pas (4e, 3e)

Demandez à l'adolescent de lire le premier sujet, puis de choisir sans revenir au sujet parmi les trois reformulations proposées (a, b, c), celle qui est la plus fidèle. Demandez-lui aussi de préciser ce qui ne convient pas dans les autres.

1. Exposez les conséquences de la révolution des transports au XIXe siècle sur le commerce.

a. Étudiez la révolution des transports au XIXe siècle et ses conséquences sur la vie quotidienne.

b. Au XIXe siècle, une véritable révolution a eu lieu dans les transports. Présentez les conséquences de cette révolution sur le commerce.

c. Expliquez pourquoi les transports ont subi une véritable révolution au cours du XIXe siècle.

2. Dans le monde, tous les enfants ne sont pas scolarisés. Documentez-vous, dans des journaux, des revues, sur le travail et l'exploitation des enfants dans certains pays du tiers-monde.

a. Tous les enfants du monde ne vont pas à l'école. Informez-vous dans la presse sur le travail et l'exploitation des enfants du tiers-monde.

b. La scolarisation n'existe pas pour tous les enfants. Documentez-vous dans des journaux, des revues, afin d'expliquer pourquoi certains enfants travaillent et sont exploités dans le monde.
c. Documentez-vous sur le travail et l'exploitation des enfants du tiers-monde et indiquez comment remédier à cette situation.

3. Donnez les caractéristiques de la France sous l'Ancien Régime.
a. Décrivez la société française dans l'Ancien Régime.
b. Caractérisez la France sous l'Ancien Régime.
c. Présentez les caractéristiques de la monarchie.

4. Rédigez un texte publicitaire sur un objet de votre choix. Définissez d'abord le client potentiel et adressez-vous à lui de manière à le persuader d'acheter l'objet.
a. Rédigez une publicité sur le produit de votre choix. Définissez d'abord le client potentiel et présentez-lui le produit.
b. Rédigez un texte publicitaire pour un objet. Pensez à vanter ses mérites afin que le client ait envie de l'acheter même s'il n'en a pas besoin.
c. Choisissez un objet et écrivez un texte publicitaire. Définissez d'abord un client potentiel et présentez-lui l'objet en faisant en sorte de le convaincre de l'acheter.

5. La Déclaration des droits de l'homme et du citoyen de 1789 proclame l'égalité juridique de tous les hommes. Mais ne subsiste-t-il pas des inégalités ? Lesquelles ?
a. Documentez-vous sur la Déclaration des droits de l'homme et du citoyen de 1789. Faites un recensement de ces droits. Qu'en pensez-vous?
b. Selon la Déclaration des droits de l'homme et du citoyen de 1789, tous les hommes sont égaux sur le plan juridique. Qu'en est-il aujourd'hui? Quelles inégalités existe-t-il encore?
c. La Déclaration des droits de l'homme et du citoyen souligne l'égalité des hommes. Ce principe est-il respecté de nos jours? Pourquoi?

□ Retrouve le sujet (4e, 3e)

Demandez à l'adolescent de lire ces extraits de devoirs d'élèves et d'essayer d'imaginer le sujet qui devait être traité.

Devoir 1

L'informatique tient une place de plus en plus importante dans notre société. Les jeux vidéo se répandent avec une vitesse vertigineuse dans tous les milieux.

Ces jeux développent chez les enfants l'esprit de logique, la faculté d'anticiper. Cependant, des médecins et des psychologues ont constaté que ces jeux n'étaient pas sans danger pour la santé des enfants. Ils ont notamment provoqué des crises d'épilepsie.

Doit-on retirer ces jeux de la vente ? Il me semble que, pour toute invention, il est difficile de revenir en arrière. La solution n'est sans doute pas dans la suppression pure et simple. Il serait préférable de prévenir les parents des risques afin qu'ils limitent le temps consacré à cette activité et qu'ils demandent l'avis du médecin qui connaît bien leur enfant.

Devoir 2

Aux débuts de la révolution industrielle, les ouvriers ne peuvent s'appuyer sur aucun droit. Ils emploient donc la violence comme moyen de lutte. De plus, malgré l'interdiction, ils créent des sociétés de secours mutuel ou de compagnonnage. Au prix de nombreux obstacles, ils finissent par obtenir la liberté d'association professionnelle en 1864, en France.

Dans la deuxième moitié du siècle, ils arrivent à multiplier les syndicats qui ont beaucoup contribué à faire voter les lois sociales : diminution du temps de travail, organisation des retraites, indemnisation pour les accidents du travail.

Que faire en cas de difficulté ?

Certains enfants, malgré le travail opéré sur les énoncés, continuent à se fourvoyer. Les mauvais aiguillages dus à une précipitation intempestive sont fréquents chez les enfants impulsifs, c'est-à-dire chez ceux qui ont tendance à se précipiter sur le premier indice pour fournir leurs réponses.

Or il est possible d'intervenir sur ces comportements en les entraînant à adopter une attitude de réflexion. Pour cela, demandez-leur de différer leurs réponses, de reformuler l'énoncé avec leurs propres mots si possible.

Conseillez-leur aussi de toujours vérifier le travail entrepris en procédant à des allers-retours entre l'énoncé et ce qu'ils ont écrit. Peu à peu, ils commettront moins d'erreurs.

7

« De grosses lacunes en orthographe »

Vous trouverez aussi : « Nul en orthographe », « Il faut améliorer l'orthographe », « D'énormes difficultés en orthographe », « Devoirs illisibles en raison d'une mauvaise orthographe », « Travaillez votre orthographe »...

Qu'est-ce que cela veut dire ?

Le verdict est clair mais, comme toujours, le « comment procéder » pour pallier le problème est absent. Vous essayez peut-être de trouver une solution en multipliant les dictées, en faisant apprendre par cœur à votre enfant des listes de mots, en lui demandant d'écrire dix fois certains mots... Ce travail, véritable corvée, ne débouche souvent sur rien. Il a d'ailleurs déjà été effectué en classe : le renouveler de la même façon ne changera guère la situation. Alors, que faire ?

Les objectifs de ce chapitre expliqués à l'enfant

Dites-lui en substance : « Les enseignants te répètent souvent de faire attention à l'orthographe. Malgré tes efforts, les mots se brouillent dans ta tête, tu oublies les règles à appliquer et tu accumules les fautes dans les dictées, dans les exercices, dans tous tes écrits ; de plus, si tu corresponds avec quelqu'un, tes erreurs empêcheront peut-être ton interlocuteur de comprendre. Tu vas découvrir des moyens pour améliorer ton orthographe. De cette manière, tu vas vite progresser. Cap sur l'orthographe ! »

Comment l'aider à être bon en orthographe

Redonner son sens à l'orthographe

Le cerveau ne va nulle part s'il ne sait pas pourquoi il y va, nous l'avons souligné à plusieurs reprises. Or l'orthographe est souvent considérée par l'enfant comme une formalité scolaire sans intérêt dans la vie. Avant d'entreprendre une action dans ce domaine, il est nécessaire de lui faire prendre conscience que respecter l'orthographe permet de transmettre un message écrit et d'être compris. Pour cela, il est indispensable qu'il se trouve devant de réelles situations de communication écrite.

Les règles, les accords ne prendront sens qu'à partir du moment où l'enfant écrira à un destinataire. Il peut s'agir d'un correspondant vivant à l'étranger, d'un ami rencontré pendant les vacances, d'un courrier envoyé à un magazine… Si vous avez accès à Internet, les échanges sont encore plus motivants car ils se produisent en temps réel et en direct. De plus, l'internaute peut écrire à des jeunes ayant les mêmes centres d'intérêt : les courriers électroniques se succèdent à un rythme rapide. L'enfant ou l'ado ressent la nécessité de respecter l'orthographe dans le but d'éviter des erreurs d'interprétation.

Pour le convaincre, montrez-lui des homonymes (parfois appelés des homophones non homographes, c'est-à-dire des mots qui se prononcent de la même façon mais qui s'écrivent différemment). Faites-lui remarquer que ces mots changent de signification en fonction de l'orthographe. La liste de ces mots est longue, en voici quelques-uns parmi lesquels vous pourrez choisir. Présentez ces mots dans une phrase. Par exemple : « Quel beau pin ! » et « Quel beau pain ! » « C'est un sot » et « C'est un seau ». Autres exemples : balle et bal ; chant et champ ; colle et col ; lait et laid ; mur et mûr ; pâte et patte ; point et poing ; port et porc ; faim et fin ; foie, foi, fois ; près, pré, prêt ; mer, mère, maire ; mètre, maître, mettre ; verre, ver, vert ; père, paire, perd.

À partir de ce qu'il a constaté, faites-lui prendre conscience qu'un mot mal orthographié peut être confondu avec d'autres mots et entraîner des malentendus parfois étranges.

Vous pouvez également écrire des phrases où l'orthographe est fixée par des règles grammaticales : «Il est parti avec son amie.» «Claude (ou tout autre prénom pouvant s'appliquer à des personnes de sexe féminin ou masculin) est restée quelques jours de plus en vacances.» Dans ces cas, seule l'orthographe permet de lever l'ambiguïté. C'est grâce au *e* que le lecteur sait qu'il s'agit d'une femme.

Demandez ensuite à l'enfant de trouver d'autres exemples (mots ou phrases) où une faute d'orthographe peut perturber la compréhension.

S'assurer qu'il connaît le vocabulaire minimal pour comprendre les règles

De temps à autre, vérifiez qu'il comprend le vocabulaire de base utilisé en grammaire. Les enseignants estiment souvent que les notions étudiées à l'école élémentaire sont connues de tous les élèves. Or il n'en est pas toujours ainsi : l'oubli peut toujours survenir d'une classe à l'autre. Il se peut aussi qu'une connaissance soit mal intégrée; l'enfant semblait la maîtriser mais il n'en avait qu'une compréhension superficielle. Si tel est le cas, il pourra répéter la règle : «L'adjectif qualificatif s'accorde en genre et en nombre avec le mot auquel il se rapporte», mais il ne pourra l'appliquer s'il ne reconnaît pas les adjectifs qualificatifs et s'il n'a pas retenu ce que signifiaient «genre» et «nombre»... Ne vous inquiétez pas si la terminologie a changé depuis votre propre scolarité : un verbe reste un verbe, même s'il est question de groupe verbal ou de GV.

Les noms et le groupe nominal

Les noms servent à désigner ce dont on parle (personne, animal, objet). Il existe deux sortes de noms:

– les noms propres (La Seine, Berlin, Adélaïde...) commencent toujours par une majuscule;

– les noms communs peuvent toujours être précédés d'un déterminant . *une* mobylette, *mon* ami, *la* radio, *le* football.

Un groupe nominal (GN) est un groupe de mots dont le noyau (le mot le plus important) est un nom, mais qui comporte d'autres mots qui s'y rapportent (déterminants, adjectifs, autres noms...).

Le sujet du verbe

a. Mes **parents** partent en vacances au mois de juillet.
b. Les **voitures** roulent au pas dans les embouteillages.
c. La **moto** de neige rouge remporte brillamment la course.

Pour trouver le sujet d'une phrase, l'enfant peut se poser la question : de qui ou de quoi parle-t-on ? Il peut s'agir d'une personne, d'un animal ou d'une chose. Ce sujet comporte d'autres mots : déterminants, adjectifs, l'ensemble s'appelle groupe nominal sujet (GNS). Dans les phrases *a*, *b* et *c*, le sujet est en caractères gras, le groupe nominal sujet est souligné.

Le verbe ou groupe verbal

Pour trouver le verbe, l'enfant peut se poser la question : que dit-on du sujet ?

Dans les exemples cités plus haut, que dit-on des parents ? Ils partent : *partent* est le verbe. Que dit-on des voitures ? Elles roulent : *roulent* est le verbe. Que dit-on de la moto ? Elle remporte : *remporte* est le verbe. Le verbe est parfois accompagné d'autres mots, comme *brillamment* dans l'exemple c ; on parle alors de groupe verbal (GV).

L'adjectif

a. Cette activité est *passionnante*.
b. Un chat *adorable*.

Comme son nom l'indique, l'adjectif qualificatif qualifie, c'est-à-dire qu'il précise la caractéristique de la personne, de l'animal ou de la chose dont on parle. Des adjectifs qualificatifs sont écrits en italiques dans les exemples donnés ci-dessus.

Le complément d'objet direct (COD)

a. L'invité donne *un cadeau*.
b. Les comédiens connaissent *leur rôle*.

L'enfant peut reconnaître le complément d'objet direct, parfois appelé par ses initiales, COD, en utilisant l'expression : « C'est... que ». « C'est un cadeau que donne l'invité », *un cadeau* est complément d'objet direct.

Donner à votre enfant des conseils adaptés à sa personnalité

☐ Apprendre l'orthographe d'un mot

Selon le style d'apprentissage de l'enfant, les procédés varient. Quand il saura manier la démarche qui lui convient le mieux, parlez-lui des autres démarches. Il aura ainsi à sa disposition un éventail de stratégies : si un « canal » est brouillé, il retrouvera sans doute ce qu'il a appris par un autre « canal » (il redira, il reverra, réécrira). Il ne risquera plus d'oublier.

L'enfant est plutôt parolier

Le parolier a besoin, pour retenir, de recourir à une démarche analytique, pas à pas, et d'entendre. Conseillez-lui d'épeler le mot, si possible à voix haute. Il l'épellera d'abord avec le « modèle » du mot, puis sans modèle. Quand l'épellation sans modèle sera fidèle et pratiquée avec assurance, il aura enregistré le mot.

L'enfant est plutôt photographe

Il a besoin, pour retenir, de recourir à une démarche globale, d'avoir une vision d'ensemble et de se créer des images. Conseillez-lui de regarder le mot afin de le « photographier » avec précision puis de le cacher et de le revoir dans sa tête. Si l'image est floue, il regardera de nouveau le mot. À partir du moment où l'image sera stable et fidèle, il connaîtra l'orthographe du mot.

L'enfant est plutôt réalisateur

Vous l'aiderez en lui conseillant de regarder le mot comme le photographe, mais aussi de l'écrire à plusieurs reprises avec ou sans modèle. Quand il sera capable de transcrire le mot sans hésitation, il en aura fixé l'orthographe dans sa mémoire.

☐ Apprendre une conjugaison

L'enfant est plutôt parolier

Étant donné son mode de fonctionnement explicité dans l'apprentissage d'un mot, conseillez au parolier d'épeler les terminaisons du verbe, à voix haute si possible. Il les épellera d'abord avec le « modèle », puis sans modèle. Quand l'épellation sans modèle sera fidèle et pratiquée avec assurance, il aura enregistré la conjugaison.

L'enfant est plutôt photographe

Étant donné son mode de fonctionnement explicité dans l'apprentissage d'un mot, conseillez au photographe de mettre en évidence (par exemple en les surlignant) les terminaisons du verbe, puis de les regarder comme s'il voulait les «photographier». Il cachera ensuite le verbe et tentera de le revoir dans sa tête. Si l'image est floue, il regardera de nouveau les terminaisons. À partir du moment où l'image sera stable et fidèle, il connaîtra la conjugaison du verbe au temps voulu.

L'enfant est plutôt réalisateur

Étant donné son mode de fonctionnement, vous aiderez le réalisateur en lui conseillant de regarder les terminaisons de verbe comme le photographe, mais aussi de les écrire à plusieurs reprises avec puis sans modèle. Quand il sera capable de transcrire la conjugaison sans hésitation, il en aura fixé l'orthographe dans sa mémoire.

☐ Apprendre et appliquer une règle de grammaire

La tâche est plus compliquée que dans le cas de l'acquisition de l'orthographe d'un mot. L'enfant doit non seulement être capable de redonner la règle, mais aussi de savoir l'appliquer dans tous ses écrits (exercices, dictées, rédactions...). Selon son profil d'apprentissage, il pourra rencontrer une difficulté, soit au niveau de la récitation de la règle, soit dans son application.

Supposons qu'il apprenne la règle d'accord du participe passé employé avec l'auxiliaire *avoir*. «Le participe passé employé avec l'auxiliaire *avoir* est invariable lorsque le verbe est suivi d'un complément d'objet direct. Il s'accorde en genre et en nombre avec le complément d'objet direct quand ce complément est placé devant lui» : «Mon frère a sauvé la chienne.» «La chienne que mon frère a sauvée.»

L'enfant est plutôt parolier

Dans ce cas, il peut souvent réciter la règle, mais l'exemple ne lui «disant» rien, il éprouve des difficultés à l'appliquer. Il risque d'être considéré comme consciencieux mais «limité». Comment procède-t-il naturellement? Il est très probable qu'il lise d'abord la règle, la commente. «Il est question de l'accord du participe passé avec l'auxiliaire *avoir*. Il existe deux possibilités; dans un cas, etc. Bon je redis la règle, j'ai hésité, je recommence.» En revanche, il a tendance à jeter un coup d'œil distrait sur l'exemple. Pour l'aider, recommandez-lui de lire l'exemple au même titre que la règle et de le traduire dans son propre langage, le langage des mots. Il commentera l'exemple, le fera parler. Il sera alors en mesure de transférer l'exemple dans d'autres cas de figure. «Dans le premier exemple, le participe passé est écrit *sauvé*. Pourquoi? Ah oui! Le COD, *la chienne*, se situe après le participe passé *sauvé*. Dans le second exemple, le COD se situe avant le participe passé : c'est *que*, qui reprend *la chienne*. C'est donc la place du COD qui intervient. Cela me paraît normal : dans le premier exemple, au moment où j'écris *sauvé*, je ne sais pas ce qu'a sauvé mon frère, alors je n'accorde pas. Dans le second cas, au contraire, quand j'écris *sauvée*, je sais ce qu'a sauvé mon frère puisque je l'ai déjà écrit. *Que* reprend *la chienne*, un nom féminin singulier : j'accorde *sauvé* en genre et en nombre avec *la chienne*, j'obtiens *sauvée*.»

L'enfant est plutôt photographe

Il est très probable qu'il retienne l'exemple et sache le réinvestir, mais il ne «voit» pas ce que signifie la règle, trop verbale pour lui. Dans ce cas, l'enfant est quelquefois considéré comme doué mais quelque peu paresseux. Comment procède-t-il naturellement? Il lit la règle, mais celle-ci risque de rester pour lui lettre morte. En revanche, il examine l'exemple et en garde l'image dans sa mémoire. Pour l'aider à assimiler la règle, conseillez-lui de traduire l'exemple dans son propre langage : le langage visuel. Il la présentera de manière imagée avec des flèches, des couleurs, des encadrements...

Mon frère → *a sauvé* → *la chienne.*
participe passé — *COD après le participe passé avec* avoir

La chienne *que* → *mon frère* → *a sauvée.*
COD — *participe passé avec* avoir

De plus, vous pourrez l'habituer à retrouver la règle à partir de l'exemple. Il lui suffit pour cela de se donner l'image de l'exemple qui illustre la règle et de décrire avec des mots ce qu'il voit. Rappelez-vous, les photographes possèdent une démarche inductive : à partir des exemples, ils savent retrouver les définitions, les règles, etc. Il est d'ailleurs préférable, pour eux, de commencer par prendre connaissance de l'exemple ou des exemples avant de lire la règle. Ainsi, il observera l'exemple tel qu'il l'a préparé et dira ce qu'il voit : « Dans le premier cas, le COD *la chienne* se situe après le participe passé, qui se termine par *-é* et ne s'accorde pas. Dans le second cas, je vois que le COD *que*, qui reprend *la chienne*, se situe avant le participe passé *sauvée* qui, cette fois, se termine par *-e*, c'est-à-dire s'accorde. La règle est : "Le participe passé employé avec l'auxiliaire *avoir* est invariable lorsque le verbe est suivi d'un complément d'objet direct. Il s'accorde en genre et en nombre avec le complément d'objet direct quand ce complément est placé devant lui." »

L'enfant est plutôt réalisateur

Il pourra procéder comme le photographe, mais, de plus, il est important qu'il écrive l'exemple pour faire jouer la mémoire motrice. Afin d'intégrer règle et exemple, il lui sera bénéfique d'effectuer le début du premier exercice figurant dans son livre. Pour lui, la compréhension et la mémorisation passent par la mise en pratique.

Repères

☐ Tu apprends l'orthographe d'un mot

1. Regarde le mot. Selon que tu es parolier, photographe ou réalisateur, tu peux :

– épeler le mot, à voix haute si tu ne déranges personne ;
– « photographier » le mot des yeux ;
– écrire le mot.

2. Cache ensuite le mot et, selon ce que tu préfères :

– épelle le mot dans ta tête ;
– revois le mot ;
– écris le mot.

3. Vérifie si tu ne t'es pas trompé en revenant au mot. Si tu as fait une erreur, renouvelle les opérations 1 et 2.

Dès que tu réussiras, soit à revoir, soit à épeler, soit à écrire le mot sans hésitation, tu connaîtras son orthographe. Entraîne-toi ! N'oublie pas par la suite de réviser les mots appris : ta mémoire est exigeante.

☐ Tu apprends la conjugaison d'un verbe

Si tu es parolier

1. Lis à voix basse ou, si tu le peux, à voix haute tout ce qui est écrit dans ton livre ou sur ton cahier. Ensuite, fais des remarques sur ce que tu as lu.

Exemple pour l'imparfait de l'indicatif d'un verbe du premier groupe, *chanter* : «Tiens, les deux premières personnes du singulier (*je* et *tu*) ont la même terminaison : *-a.i.s*, c'est pratique, au présent c'est différent ; les deux premières personnes du pluriel ont un *i* (chan*t*ions, chant*i*ez)», etc.

2. Relis la conjugaison en épelant les terminaisons : je chantais, *-a.i.s*, tu chantais, *-a.i.s*, il chantait, *-a.i.t*, etc.

3. Redis ensuite dans ta tête ou à voix haute ce que tu as lu sans modèle, insiste aussi sur les terminaisons du verbe.

4. Vérifie avec le modèle. Si tu as fait une erreur, renouvelle les opérations 2 à 4.

Si tu es photographe

Deux cas de figure peuvent se présenter.

1. Recopie ce qui est écrit dans le livre et souligne/surligne de la couleur de ton choix le groupe du verbe (premier groupe, deuxième groupe, troisième groupe), le temps (présent, imparfait...) et le mode (indicatif, conditionnel, impératif...). Souligne/surligne aussi le pronom personnel (je, tu, il...) et la terminaison du verbe.

Verbe du 1er groupe, imparfait de l'indicatif
Je chantais
Tu chantais
Il ou elle chantait
Nous chantions
Vous chantiez
Ils ou elles chantaient

2. Regarde ce qui est surligné/souligné comme si tu voulais le photographier.

3. Cache le modèle et revois la conjugaison dans ta tête.

4. Vérifie si ce que tu as vu dans ta tête est exact en comparant avec le modèle.

5. Si tu t'es trompé, recommence les opérations 2 à 4.

Si tu es réalisateur

1. Écris la conjugaison.
2. Surligne de la couleur de ton choix les éléments indiqués pour le photographe.
3. Regarde ce qui est surligné comme si tu voulais le photographier.
4. Cache le modèle et réécris les éléments surlignés.
5. Vérifie si ce que tu as écrit est exact en comparant avec le modèle.
6. Si tu t'es trompé, recommence les opérations 2 à 5.

Dès que tu réussiras, soit à revoir, soit à épeler, soit à écrire la conjugaison sans hésitation, tu la connaîtras. N'oublie pas de réviser.

☐ Tu apprends une règle de grammaire

Si tu es *parolier*, lis d'abord la règle, puis l'exemple. Commente l'exemple, explique-le comme si tu t'adressais à quelqu'un. Redis la règle et l'exemple à plusieurs reprises.

Si tu es *photographe*, regarde d'abord l'exemple. Présente-le de manière imagée : flèches, couleurs, encadrements... Tout ce qui peut frapper ton regard t'aide à retenir. Essaie ensuite de retrouver la règle à partir de l'exemple, vérifie si tu n'as pas fait d'erreur. Renouvelle l'opération à plusieurs reprises.

Si tu es *réalisateur*, procède comme le photographe : regarde d'abord l'exemple. Écris-le en le présentant de manière imagée : flèches, couleurs, encadrements... N'oublie pas par la suite de réviser ce que tu as appris.

Deux bons conseils

– Pense toujours à trouver d'autres exemples pouvant se rattacher à la règle que tu étudies. Ayant trouvé des exemples personnels, qui t'appartiennent, tu t'appropries mieux la règle.

– Quand tu as fini une dictée, une rédaction, relis-la. Chaque fois que tu as une hésitation, essaie de retrouver à quelle règle ou à quel exemple le mot ou le groupe de mots te fait penser. Quand tu as retrouvé règle ou exemple dans ta mémoire, redis-les ou revois-les. Tu pourras alors facilement orthographier les mots concernés.

☐ Tu appliques une règle dans un de tes écrits

Si tu es parolier

– Trouve la règle à laquelle se rattache le mot à orthographier.

– Redis-toi la règle et, si tu te souviens de l'exemple, explique-le comme si tu voulais le présenter à quelqu'un.

– Applique la règle au mot à écrire en commentant ce que tu fais.

Si tu es photographe

– Revois dans ta tête les exemples auxquels le mot à orthographier te fait penser. Compare les exemples retrouvés dans ta mémoire au cas devant lequel tu te trouves. Est-ce bien la même chose?

– Décris ces exemples, c'est-à-dire transforme en paroles ce que tu vois.

– Transpose les exemples au mot à écrire.

Si tu es réalisateur

Utilise les mêmes techniques que le photographe mais, si tu hésites, essaie, au brouillon, d'écrire plusieurs orthographes possibles. Ta main guidera ton choix.

Activités

☐ Associe règles et exemples (de la 6e à la 3e)

Dites à l'enfant de lire les règles et, pour chacune d'entre elles, de retrouver l'exemple qui lui correspond.

Règles

1. Le participe présent est une forme de verbe, sa terminaison est en *-ant* : il est invariable. L'adjectif verbal terminé aussi par *ant* est variable. Pour ne pas confondre, il faut remplacer le nom masculin par un nom féminin et lire la phrase en entier.
2. *Tout* remplaçant ou se rapportant à un nom est variable. *Tout* précédant un adjectif qualificatif est le plus souvent adverbe, donc invariable, sauf devant les adjectifs féminins commençant par une consonne ou un *h* aspiré.
3. Ne pas confondre *quel*, adjectif, variable en genre et en nombre avec *qu'elle* ayant une apostrophe.
4. *On*, pronom personnel indéfini, est invariable. *Ont* est la forme de la troisième personne du pluriel du verbe *avoir au* présent de l'indicatif. On peut le remplacer par *avaient*.

5. *Ce* est un adjectif ou un pronom démonstratif. *Se* est un pronom personnel réfléchi. *Se* ne s'écrit *s.e.* que dans les verbes pronominaux; en conjuguant le verbe, on peut remplacer *se* par *me*, *te*... Dans tous les autres cas, il faut écrire *ce*.

Exemples

A. Quelle belle maison! – La maison qu'elle habite est belle. – Quel est le titre de ce livre? – Le livre qu'elle lit est passionnant.

B. Il se couche. – Ce fut une belle fête.

C. Dans les grands magasins, il y a des trottoirs roulants. – Les personnes connaissant la route sont avantagées.

D. On est parti huit jours. – Ils ont laissé un message.

E. Toute la journée – Tous les jours – Des chemins tout droits – Une mer tout agitée.

□ Retrouve la règle qu'illustre l'exemple (à partir de la 6e)

Dites à l'enfant de lire les exemples et, pour chacun d'entre eux, de retrouver à quelle règle il se rattache.

Exemples

1. Tous ces clous sont rouillés – Les bijoux ont été volés – Les cailloux dévalent la pente – Patricia déteste les choux – Ses genoux sont écorchés – Les hiboux hululent.

2. L'homme portait un pantalon et une chemise blancs.

3. Le prix est élevé. – Les prix sont élevés.

4. Que dis-tu? Répète, j'ai mal entendu. – La joie s'empare de Marie : sauvée, elle est sauvée!

5. Quelques spectateurs sont arrivés en retard. – Certaines villes sont surpeuplées.

Joker pour cet exemple : « quelque » et « certain » sont des adjectifs indéfinis.

Règles

A. Le point d'interrogation est suivi d'une majuscule. Les deux points sont suivis d'une minuscule.

B. Les adjectifs indéfinis s'accordent en genre et en nombre avec le nom qu'ils accompagnent.

C. Les noms en *ou* forment leur pluriel en ajoutant un *s*, sauf *bijou, caillou, chou, genou, hibou, joujou* et *pou* qui forment leur pluriel en ajoutant un *x*.

D. Lorsque l'adjectif qualificatif épithète qualifie plusieurs noms de genres différents, il se met au masculin pluriel.

E. Les noms se terminant par un *x* au singulier ne prennent pas de marque au pluriel.

☐ Orthographie les mots en utilisant règles et exemples (de la 6e à la 3e)

Dites à l'enfant : «Lis les phrases et complète les mots entre parenthèses. Pour les orthographier sans faute, tu as, à la suite des phrases, des règles puis des exemples. Retrouve la règle et l'exemple à utiliser pour écrire chacun des mots entre parenthèses.»

1. Les bicyclettes viennent d'être (réparé).
2. Je ramasse les objets (tombé).
3. Mes parents sont en voyage, je (leur) écris souvent.
4. (Leur) amis se sont égarés.
5. Le chat dort dans (son) panier, les souris (son) tranquilles.
6. Il a payé son blouson six (cent) francs.
7. Il a acheté un carnet de (vingt) timbres.
8. Le naufragé (a) regagné la côte (a) la nage.

Règles

A. *Leur* devant un verbe est un pronom personnel : il est invariable. *Leur* devant un nom ou un adjectif possessif est un adjectif possessif : il s'accorde avec le nom.

B. Les adjectifs numéraux cardinaux sont invariables sauf *cent* et *vingt*. *Cent* et *vingt* prennent un *s* final s'ils sont multipliés et si aucun numéral ne les suit.

C. Le participe passé employé avec l'auxiliaire *être* s'accorde toujours en genre et en nombre avec le sujet du verbe.

D. *Son* est un adjectif possessif, *sont* est la troisième personne du présent de l'indicatif du verbe *être*. On peut le remplacer par *étaient*.

E. Le participe passé employé sans auxiliaire s'accorde en genre et en nombre avec le nom auquel il se rapporte.

F. Pour ne pas confondre *à* (préposition) avec *a* (verbe *avoir*), il faut essayer de mettre ces formes à l'imparfait. Si c'est possible, il s'agit du verbe *avoir* : on écrit *a*.

Exemples

a. Adélaïde et son frère sont partis à la piscine.

b. Leurs habits sont déchirés. – Le professeur dit aux élèves de se dépêcher et leur donne le sujet de la rédaction.

c. Mes devoirs sont terminés. – Leurs leçons apprises, les enfants s'amusent.

d. Le temps menace, les promeneurs vont mettre leurs bottes – Le moineau donne à manger à ses petits et leur montre comment battre des ailes.

e. Le facteur a du courrier à distribuer.

f. Cette raquette vaut quatre-vingts francs – Cette raquette vaut quatre-vingt-deux francs – Ce jeu vaut trois cents francs – Ce jeu vaut trois cent quinze francs.

□ Retrouve ce que tu dois connaître pour réussir un exercice (de la 6e à la 3e)

Il arrive fréquemment qu'après avoir compris une notion en classe, les collégiens ne pensent plus, quelque temps plus tard, voire le soir même, à y faire appel pour réaliser la tâche qui leur est demandée. Cette activité se propose de les aider à dépasser cette difficulté.

Dites à l'enfant : «Voici des énoncés d'exercices (1, 2, 3...) et le travail effectué. Indique, pour chacun d'eux, la notion mise en jeu (A, B, C...).»

Énoncés et travail effectué

1. Remplace les pointillés par *ses* ou *ces*.
Le petit garçon s'amuse avec ... voitures. ... voitures sont couvertes de boue.
Le petit garçon s'amuse avec ses voitures. Ces voitures sont couvertes de boue.
2. Classe les noms suivants en deux catégories selon qu'ils sont féminins ou masculins.
route – cartable – ballon – amie – trottoir – voiture.
Noms féminins : route, amie, voiture; noms masculins : cartable, trottoir.
3. Accorde le participe passé des verbes entre parenthèses.
La cigale a (chanté) tout l'été. Les castors ont (construire) leur hutte.
La cigale a chanté tout l'été. Les castors ont construit leur hutte.
4. Voici des noms et des adjectifs qualificatifs. Indique l'adjectif qui convient pour chaque nom en regardant sa terminaison.
Noms : des lapins – un jouet – des timbres – une maison – des idées.
Adjectifs qualificatifs : rares – malins – amusant – originales – grande.
Des lapins malins – un jouet amusant – des timbres rares – une grande maison – des idées originales.
5. Accorde le verbe entre parenthèses.
Les ours (sortir) de leur tanière.
Le pêcheur (attraper) un beau poisson.
Aurore, Baptiste et Arthur (rentrer) de leur promenade.
Les ours sortent de leur tanière – Les pêcheurs attrapent un beau poisson – Aurore, Baptiste et Arthur rentrent de leur promenade.

Notions

A. L'adjectif qualificatif s'accorde en genre et en nombre avec le nom auquel il se rapporte.

B. Devant certains noms, on peut placer les déterminants *la, sa, cette* : ce sont des noms féminins. Devant certains mots, on peut placer *le, son, cet* : ce sont des noms masculins.
C. *Ses* est un déterminant (adjectif possessif) qui accompagne des noms au pluriel : *Amandine a caché ses trésors*. Au singulier, *ses* devient *son* ou *sa* : *Amandine a caché son trésor.*
Ces est un déterminant (adjectif démonstratif) qui accompagne des noms au pluriel : *Ces trésors sont à Amandine*. Au singulier, *ces* devient *ce*, *cet* ou *cette* : *Ce trésor est à Amandine.*
D. Lorsque le passé composé est construit avec le verbe *avoir*, le participe passé ne s'accorde pas avec le sujet : *Céline a vu un dessin animé.*
E. Le verbe s'accorde toujours avec son sujet : *La balle roule jusqu'au ruisseau. Les balles roulent jusqu'au ruisseau.*

□ Utilise ce que tu as appris pour orthographier des mots (de la 6e à la 3e)

L'enfant est invité à s'aider de règles ou d'exemples pour orthographier correctement un mot, à transposer ce qu'il apprend au cours des leçons de grammaire dans des cas similaires. Pour l'aider à progresser dans ce sens, vous pourrez lui demander de trouver systématiquement un autre exemple que celui fourni par le livre.

Dites-lui : « Un élève n'est pas sûr de l'orthographe des mots placés entre parenthèses. Indique l'orthographe correcte en t'aidant des règles et des exemples suivants. »

1. Je m'entends bien avec (*toute – tout*) la classe.
2. Ils (*leurs – leur*) ont apporté un cadeau.
3. Je pars en vacances au mois de (*juillet – Juillet*).
4. Je me suis acheté des chaussures (*noires – noir*).
5. Beaucoup d'animaux (*disparaît – disparaissent*).

Règles et exemples
A. Les noms de mois, de jours, de saisons, de points cardinaux et les noms communs ne prennent pas de majuscule. Exemple : Le printemps est précoce. Le deuxième lundi de mai, il prend l'avion.
B. *Leur*, pronom personnel (pluriel de *lui*), est invariable. *Leur*, adjectif possessif, s'accorde avec le nom désignant l'objet possédé. Exemple : Nous *leur* donnons des jouets. *Leurs* habits sont déchirés.
C. Quand le sujet est une locution de quantité (*trop*, *beaucoup*, *assez*, *peu*, *combien*...) introduisant un nom au pluriel, le verbe se met au pluriel. Exemple : De nombreuses forêts souffrent de la pollution. Peu de personnes sont venues.

D. Les adjectifs de couleur s'accordent en genre et en nombre si ce sont des adjectifs qualificatifs et si la couleur est désignée par un seul adjectif. Exemple : des blousons rouges – des blousons rouge et noir (deux adjectifs) – des blousons marron (*marron* est un nom).

E. *Tout, tous, toutes*, adjectifs ou pronoms indéfinis, sont variables. *Tout*, adverbe, signifiant *tout à fait*, est invariable, sauf devant un adjectif au féminin commençant par une consonne ou un *h* aspiré. Exemple : Tous les touristes sont partis. Toutes les nageuses ont plongé. Les touristes sont tout étonnés (tout à fait).

□ Tire parti d'une leçon de grammaire (de la 6e à la 3e)

Le but de cette activité est de solliciter l'activité de l'enfant en présence d'une leçon de grammaire grâce à deux procédés (voir les deux parties du travail demandé ci-dessous). S'il prend l'habitude d'y recourir, il intégrera véritablement les notions découvertes.

Choisissez une leçon dans son livre de grammaire. Dites-lui de la lire, de vous l'expliquer ainsi que de vous donner un ou deux exemples. Vous vous assurerez ainsi que la notion est comprise. Demandez-lui ensuite de se mettre à la place du professeur.

1. À lui d'imaginer les questions qui pourraient être posées lors d'un contrôle à propos de cette leçon.

2. À lui d'imaginer un ou deux exercices pouvant faire suite à cette leçon.

Les mots invariables

Faites en sorte que l'enfant connaisse l'orthographe des mots le plus souvent rencontrés dans les textes, en particulier pour les mots invariables suivants. De nombreuses fautes seront ainsi évitées.

- *alors, dehors*
- *déjà, là, voilà*
- *avant, devant, durant, maintenant, pendant*
- *aussitôt, bientôt, plutôt, tantôt, tôt*
- *ainsi, aussi, parmi, ici, voici*
- *aujourd'hui, demain, hier, longtemps, tard*
- *ailleurs, près, très, après, auprès*
- *autant, pourtant, tant*
- *autrefois, parfois, quelquefois, toutefois*
- *au milieu, dessous, entre, dessus, sous, sur*
- *assez, beaucoup, dans, malgré, surtout, trop, sans*
- *davantage, depuis, jamais, mais, moins, depuis, plus, toujours*
- *comme, comment, seulement, souvent, vraiment.*

Le hit-parade des fautes d'orthographe

Tout comme les mots invariables sont à retenir en priorité, il est opportun d'éviter les fautes les plus couramment commises, du CM1 à la terminale et plus tard... Dans quelle phrase ne rencontre-t-on pas *a* ou *à*, *et* ou *est*...? En donnant à l'enfant des «astuces» pour éviter les erreurs fréquentes, vous l'aidez considérablement.

☐ Fautes portant sur des homonymes grammaticaux

Il est évidemment important que l'enfant connaisse les règles qui président au choix de l'orthographe, mais celles-ci sont fournies par tous les livres de grammaire. C'est pourquoi elles ne sont pas reprises dans ces lignes. L'objectif est ici de donner à l'enfant, en cas d'urgence, des astuces pour éviter les pièges le plus souvent rencontrés. La question est : comment orthographier des mots fréquemment confondus? Si, pour une rédaction, l'enfant a tout loisir de consulter un dictionnaire ou son livre de grammaire, tel n'est pas le cas pour une dictée : il faut écrire vite... et bien.

– Ce *film est passionnant. Le collégien* se *prépare. Ce* se trouve toujours devant un nom ou un adjectif; *se*, lui, se trouve devant un verbe.
– *Ma chambre* est *en désordre. Mes parents* et *leurs amis se mettent à table. Est* peut être remplacé par *était*, ce n'est pas le cas pour *et*.
– Son *vêtement est déchiré. Ses timbres* sont *rares. Sont* peut être remplacé par *étaient*; ce n'est pas le cas pour *son*.
– On *regarde un étrange spectacle. Les nageurs* ont *emporté leur maillot. Ont* peut être remplacé par *avaient*; ce n'est pas le cas pour *on*.
– *L'enfant* a *compris l'astuce. L'enfant va* à *l'école. A* peut être remplacé par *avait*; ce n'est pas le cas pour *à*.
– Ces *exercices sont ennuyeux.* Ses *livres sont abîmés.* S'il est possible de dire «les siens» après le nom, ce mot s'écrit *ses* : *ses* livres = *les siens.*

☐ Fautes portant sur les accords

– Accord du verbe

*Le sportif se prépar*e *pour le match. Les sportifs se prépar*ent *pour le match.*

Le verbe s'accorde toujours avec son sujet.

– Accord de l'adjectif qualificatif

Le loup *est rusé*. La louve *est rusée*. Les loups *sont rusés*.

L'adjectif qualificatif s'accorde en genre (féminin ou masculin) et en nombre (singulier ou pluriel) avec le nom qu'il qualifie (ou avec le nom auquel il se rapporte).

– Accord des noms

le *jouet*, les *jouets*, des *jouets*

Pour former le pluriel des noms, il faut le plus souvent ajouter un *s* au nom singulier.

Exceptions : le feu, les feux – le noyau, les noyaux – le chameau, les chameaux.

Les noms se terminant par *-au, -eau, -eu* prennent un *x* au pluriel.

– Accord du participe passé employé avec l'auxiliaire *être*

*Le fromage (sujet masculin singulier) est grignot*é *(participe passé au masculin singulier). La mer (sujet féminin singulier) est agité*e *(participe passé au féminin singulier). Les arbres (sujet masculin pluriel) sont secou*és *(participe passé au masculin pluriel) par le vent. Les routes (sujet féminin pluriel) sont encombré*es *(participe passé au féminin pluriel).*

Le participe passé employé avec l'auxiliaire *être* s'accorde en genre (féminin ou masculin) et en nombre (singulier, pluriel) avec le sujet du verbe.

Pour retenir certains mots ou certaines séries de mots ainsi que pour retenir l'orthographe d'un mot, l'enfant peut, à l'occasion, avoir recours à des procédés mnémotechniques. Le principe est de former une phrase avec ce ou ces mots. Une phrase se retient mieux que des mots isolés. Par exemple, pour retenir l'orthographe des mots *cime* et *abîme*, on peut utiliser la phrase : « L'accent de la c*i*me est tombé dans l'abîme. » L'orthographe de *toujours* se retient bien à l'aide de la phrase : « Toujours prend toujours un *s* » (mais *jamais* aussi !).

Il est également possible de mémoriser des listes de mots de même nature grammaticale en les chantonnant, en les scandant. Par exemple, pour la liste des adjectifs possessifs : *mon, ton, son, notre, votre, leur; mes, tes, ses, nos, vos, leurs*; pour les articles définis : *le, la, les; un, une, des.*

Pour ne pas oublier la liste des conjonctions de coordination, on peut se demander : « Mais ou et donc or ni car ? » (en faisant bien attention, toutefois, à ne pas confondre *ou* et *où*, *et* et *est*). Pour mémoriser plusieurs prépositions, on peut se souvenir de la phrase « Adam part pour Anvers avec 200 sous » : *à, dans, par, pour, en, vers, avec, de, sans, sous*...

8

« Faible à l'écrit »

Vous trouverez aussi : « Doit travailler en rédaction », « Manque d'imagination », « Ne travaille pas ses écrits », « Rédactions pauvres, manque d'idées », « Rédactions bâclées »...

QU'EST-CE QUE CELA VEUT DIRE ?

Le collégien n'obtient pas de résultats satisfaisants à l'écrit, c'est évident. Déplorer cette situation est une chose, y remédier en est une autre. Les causes, variées, peuvent être regroupées autour de deux difficultés majeures. Il se peut qu'il ne trouve pas d'idées et qu'il éprouve, de ce fait, l'angoisse de la page blanche. Il se peut également qu'il rende des écrits mal construits, soit parce qu'il n'a pas assimilé les règles à suivre, soit parce qu'il ne saisit pas l'utilité de ces règles. Au collège (comme à l'école ou au lycée), l'écrit est presque toujours détourné de sa vocation première : communiquer; généralement lu par le seul professeur de français, il reste strictement scolaire et peu motivant. N'ayant pas conscience que veiller à la construction de son devoir facilite la compréhension du lecteur, l'enfant n'éprouve pas le besoin de faire un effort en ce sens. Surmonter l'une et/ou l'autre des difficultés est tout à fait réalisable. Encore faut-il donner à l'enfant les moyens d'y parvenir.

COMMENT L'AIDER À TROUVER DES IDÉES POUR UN TEXTE NARRATIF

En réalité, les enfants ont de l'imagination. Vous n'avez qu'à vous souvenir des histoires que le vôtre vous racontait avant son entrée à l'école élémentaire. Encore faut-il qu'elle ne soit pas muselée dès le départ lorsqu'il s'agit d'un écrit scolaire par peur des fautes d'orthographe, des erreurs de syntaxe, etc. Les enfants ont aussi plus de savoirs qu'on ne l'imagine. Paul Valéry disait : « Chacun connaît une quantité de choses prodigieuse qu'il ignore qu'il sait. »

Une faculté essentielle en classe, mais aussi dans la vie, consiste à savoir mobiliser ses idées, ses connaissances. Le cerveau emmagasine beaucoup d'informations. Le tout est de savoir les débusquer : cela s'apprend ou, en tout cas, devrait s'apprendre, au cours de la scolarité. C'est rarement le cas.

Pourquoi les collégiens sont-ils souvent désemparés, voire bloqués, dans leur recherche d'idées? ou, en d'autres termes, pourquoi est-il si difficile de passer de la pensée à l'écrit? En premier lieu, la pensée est rapide, beaucoup plus rapide que l'écriture : même en écrivant vite, on ne peut noter que 1200 à 1400 mots à l'heure. Par ailleurs, l'auteur a souvent tendance, dans les écrits scolaires, à tout vouloir mener de front : la découverte d'idées, le respect de l'orthographe, de la syntaxe, la mise en ordre de ses idées. On a l'impression qu'il voit déjà en rouge dans la marge le *o* signalant une faute d'orthographe, le *m.d.*, abréviation de « mal dit ». La découverte de nouvelles idées en est freinée, voire stoppée.

Pour que votre « écrivant » puisse faire surgir toutes ses idées avant de les organiser, vous pouvez lui faire découvrir les deux méthodes présentées ci-dessous.

☐ La méthode spontanée

Si vous voulez qu'il trouve ses idées avant de se préoccuper prématurément de la mise en forme de son écrit, apprenez-lui à faire un « remue-méninges ». Cette démarche, appréciée des collégiens photographes ou réalisateurs, consiste à laisser jaillir les idées sans ordre, sans censure. Elle est utilisée dans les ateliers d'écriture destinés aux adultes, mais elle entre peu à peu à l'école.

Comment procéder? La meilleure technique consiste à établir un schéma en étoile. Le thème est écrit en deux ou trois mots et entouré au centre d'une feuille prise dans le sens de la largeur. L'enfant va y noter librement les idées qui lui viennent à l'esprit en recherchant les évocations visuelles ou auditives, réservoir illimité. Il peut partir de son expérience personnelle, de celle d'autrui, penser à des souvenirs liés à des lectures, à des émissions, à des discussions...

Les idées doivent être notées sous forme de mots isolés, jamais sous forme de phrases. La mise en phrases freinerait la fluidité pour deux raisons : temps d'écriture plus long, souci de syntaxe. Les mots, entourés eux aussi, sont à disperser autour du thème central. Il est très probable que les idées présentant des affinités seront placées dans la même partie du schéma, mais, à ce stade, le regroupement ne doit pas entrer en ligne de compte. Le classement fera l'objet d'un travail ultérieur.

Lorsque l'inspiration s'arrête, le collégien peut repartir du centre ou relire un «mot satellite», c'est-à-dire un mot déjà noté.

Par sa rapidité, cette technique permet :

1. de ne pas prendre de retard sur le déroulement de la pensée;
2. de pouvoir circuler d'une idée à l'autre, ce qui n'est guère possible en cas de présentation linéaire, séquentielle;
3. de favoriser la créativité : la recherche est plus productive et plus cohérente. Elle est enseignée depuis longtemps dans certaines universités australiennes. Les professeurs constatent de réels progrès chez les étudiants.

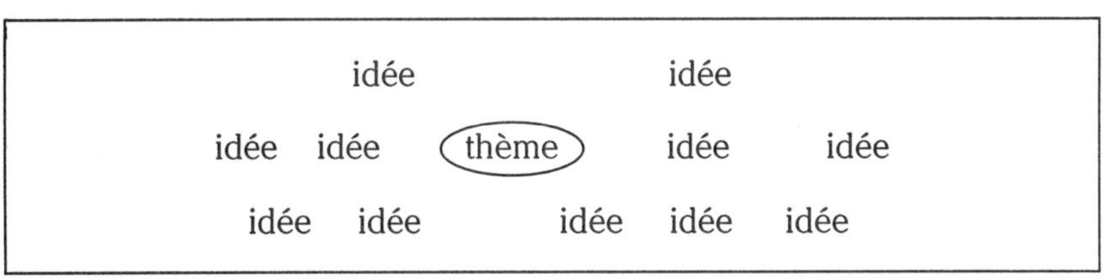

Il est préférable de familiariser l'enfant avec cette méthode en la pratiquant d'abord avec lui. N'émettez pas ou ne laissez jamais transparaître de jugements évaluatifs. Toutes les suggestions sont à prendre en compte. À cette étape, la quantité importe plus que la qualité. Le tri, comme le classement, se fera plus tard. Après deux ou trois séances de ce type, l'enfant prendra l'habitude de mobiliser sans difficulté ses idées.

Concrètement, la recherche d'idées nécessitera parfois l'emploi de plusieurs pages selon la classe dans laquelle se trouve l'enfant. Il est plus pratique de prévoir des feuilles plutôt qu'un cahier et d'utiliser uniquement le verso afin d'avoir sous les yeux l'ensemble des éléments au moment de l'élaboration du plan et de la rédaction. Le verso servira pour d'autres brouillons.

☐ La méthode systématique

La procédure précédente peut être étoffée par une recherche systématique avec laquelle les enfants paroliers seront à l'aise. Après l'intuition, les associations, la recherche d'idées s'effectuent de manière rationnelle, organisée. Toutes les voies possibles sont examinées comme si, pour retrouver un objet égaré, nous explorions une pièce après l'autre.

Les objectifs de cette partie expliqués à l'enfant

Faites appel à des situations probablement vécues par votre enfant. Rappelez-lui certaines réactions en présence de la préparation d'un travail d'écriture : « Je n'ai pas d'idées », « Je ne trouve rien à écrire », « Ce sujet ne m'inspire pas »... Dites-lui que vous allez lui faire découvrir des méthodes pour ne plus être « à sec ».

Observation

Dites à l'enfant : « Voici le sujet de rédaction donné à un élève : "Vos parents ne supportent plus le chien que vous avez voulu adopter. Un événement va réconcilier vos parents avec le chien. Imaginez l'histoire et racontez-la." L'élève a commencé à écrire des idées à l'aide de deux méthodes. Regarde-les. Quelle différence existe-t-il entre ces deux méthodes ? »

1. Les mots en étoile

adopté chien
chien aboie
chien désobéissant
chien dans garage
cambrioleur entre dans cuisine
Un chien en péril
mère mécontente
réveil parents
chien salit tout
vêtements déchirés
cambrioleur s'enfuit
père dresse chien

2. Les pistes à idées

Qui	Mes parents, moi, le chien
Où	chez moi
Quand	la nuit
Ce qui se passe étape par étape	1. Je trouve un chien abandonné. 2. Mes parents acceptent d'adopter le chien. 3. Le chien est désobéissant. 4. Mon père essaie de dresser le chien. 5. Mes parents ne veulent plus du chien dans la maison. Ils l'enferment dans le garage. 6. Une nuit, un cambrioleur pénètre dans la cuisine. Le chien aboie. 7. Le cambrioleur s'enfuit en entendant le chien.
Ce que disent les personnages	«Ce chien est sale» «Ce chien abîme tout»
Ce que ressentent les personnages	Moi : tristesse Mes parents : colère

Repères

Pour ne jamais être «en panne d'idées» lors de la préparation d'un travail d'écriture, utilise les méthodes suivantes. Tu seras surpris du résultat.

□ Première méthode : les mots en étoile
– Note le thème au centre d'une page et entoure-le.

– Ferme les yeux. S'il s'agit de raconter une scène à laquelle tu as assisté ou participé, revis-la dans ta tête. S'il s'agit d'une scène inventée, imagine-la :

- tu vois des images, sortes de flashes;
- tu entends des paroles, des bruits;
- tu éprouves des sentiments.

– Dès qu'une idée arrive, vite, note-la sous forme de mots : ne fais pas de phrases.

– Écris les mots tout autour du thème, sans chercher à mettre de l'ordre.

– Note, note, note pour attraper les idées qui te traversent l'esprit.

– Quand tu es à court d'idées, relis un mot satellite et demande-toi : à quoi cela me fait-il penser? De nouvelles idées jailliront.

☐ Deuxième méthode : les pistes à idées

Après avoir laissé libre cours à ton imagination, complète ta recherche d'idées en empruntant tour à tour ces pistes.

Qui?	Les personnages. Si leur physique et/ou leur caractère permettent de mieux comprendre la rédaction, indique-les. Les personnages peuvent être des animaux.
Quand?	Le moment, l'époque
Où?	Le lieu
Ce qui se passe, étape par étape	La situation de départ, les différents épisodes, la situation finale. Pour chacune de ces étapes, note, si cela présente une importance pour l'histoire : – ce que font les personnages; – ce que voient les personnages; – ce que disent et ce qu'entendent les personnages; – ce que ressentent les personnages.

Un bon conseil

Toutes les pistes ne sont pas utiles pour tous les sujets. Emprunte-les quand même, tu verras si elles fonctionnent.

Activités

□ Trouve les idées qui se cachent derrière les mots (de la 6e à la 3e selon les mots)

Pour démarrer une voiture, il faut un starter (un démarreur). Pour trouver des idées, il faut des mots starters. Lis chaque mot et note rapidement les mots auxquels ils te font penser. Procède mot par mot.

soleil – vacances – amitié – nuit – aventure – détester – joie – montagne

□ Complète la rédaction (de la 6e à la 3e)

Dites à l'enfant qu'un élève a fini sa rédaction. Le sujet était : «Une famille a dû partir de la campagne pour s'installer en ville dans un immeuble de 23 étages. Imaginez-la un dimanche après-midi dans sa nouvelle habitation.» Demandez-lui de lire la rédaction et d'indiquer les pistes qu'aurait pu emprunter l'élève pour étoffer son devoir.

Le déjeuner est terminé. L'après-midi commence, interminable.
La mère s'assied devant la fenêtre pour lire. Elle jette un coup d'œil à l'extérieur : des enfants jouent sur le béton; pas un arbre, pas une fleur.
Le père ne sait comment occuper son après-midi. Il allume la télévision et passe d'une chaîne à l'autre. Il augmente le son : mieux vaut le bruit des émissions que le vacarme des voisins.
La fille tourne en rond dans l'appartement. Ici, elle n'a pas d'amies.
À la campagne, elle aimait se promener dans les bois, construire des cabanes.
Elle déteste cet endroit : il est laid. Elle se dit qu'un jour elle partira pour ne plus jamais revenir...

En panne d'idées

Voilà deux semaines qu'Éric, élève de 6e, doit préparer une rédaction. Il a toujours l'intention de se mettre au travail mais les jours passent et il trouve peu d'idées, il recopie de temps à autre une «belle phrase» trouvée dans des livres. Mais il finit toujours par retrouver ses copains et jouer. Malgré tout, l'idée de la rédaction le poursuit, il en fait des cauchemars. Le dernier soir arrive, ses parents vont bientôt rentrer du travail, les idées doivent jaillir, sinon... C'est Éric qui raconte.

J'avais intérêt à bricoler mon devoir à toute vitesse, et, quand les parents reviendraient, je leur jetterais à la face une bonne rédac, bien torchée, avec introduction, conclusion, et paragraphes où on revient à la ligne tout comme il faut. J'ai réuni tout mon matériel, sauf l'encre Waterman, c'était plus l'époque, et je me suis préparé au dernier round avant la victoire finale. Alors voilà. J'ai mis mon nom et mon prénom, en haut, à gauche, tout dans les règles, LECAS Éric en dessous, en petit, discret, 6ᵉ 3. J'ai sauté mes cinq lignes, j'ai écrit, Rédaction avec une majuscule, au milieu, bien centré, pour faire plaisir à la maîtresse, et puis, j'ai re-sauté ma ligne et j'ai recopié mon sujet. Qu'est-ce que c'était déjà ? Ah oui !

« Décrivez avec précision quelqu'un à son travail. » J'ai délicatement souligné, j'ai re-sauté trois lignes, j'ai tracé ma marge de trois carreaux, puis j'ai remis au propre tout mon début :

Un jour, en passant sur la route, j'ai vu une fermière. [...] Tout à coup, il s'est mis à pleuvoir, et la travailleuse des champs s'est tenue, immobile sous la pluie, ses beaux cheveux d'ébène lui faisant une rivière étincelante... non... une ruisselante rivière...

Là, je me suis senti coincé, la panne sèche. Mon frère apprenait sa géo, il devait répondre à « Qu'est-ce qu'une montagne ? ». J'étais énervé, alors, je l'ai interrompu :

– Une montagne ? C'est un gros tas qui bouche la vue.

... Travailler dans des conditions pareilles, c'est impossible ! Je ne trouvais rien à mettre et le temps passait, 9 h 46... ! Mes parents n'allaient pas tarder à me tomber sur le paletot, alors je me suis mis à chiader mon truc, aussi vite qu'un turbotrain.

– Mmm... (Ah oui, elle compte ses sous...) 335 francs seulement ! Ces maudites bêtes ne rapportent rien, dit la fermière.

Et puis j'ai stoppé net. Mon frère a levé la tête de sa géo. Il me regardait d'un air inquiet. Tout à coup, je me suis souvenu que, sur la première chaîne, ils passaient un film. C'était ma dernière chance pour trouver des idées. Mais j'avais peur que les parents nous surprennent devant le poste, moi et mon frère, ils seraient capables de tomber dans les pommes si je les excitais encore. Alors j'ai allumé la télé, mais j'ai eu la prudence de couper le son. Juste regarder un peu l'image, pour glaner deux ou trois trucs... Mon frère était furieux, il voulait entendre. Il était trop jeune pour comprendre la situation, et j'ai dû lui placer une tartine de morale. Je lui ai dit qu'en 6ᵉ, on a trop de boulot pour se permettre de regarder n'importe quoi, que j'allumais la télé question travail, un point, c'est tout.

Les images étaient très intéressantes, mais malheureusement hors sujet pour ma rédaction. J'étais sûr que si on levait un peu le son, on entendrait la grosse musique d'ambiance, celle qui annonce les cas graves. J'ai dit : – Chiche ?

Mon frère a applaudi : – Oh oui, oh oui ! on va mettre le son.

Il s'est précipité, il a levé le bouton : fort, plus fort, encore plus fort, la télé allait au grand galop, genre babababoum ! Alors, tout à coup, la porte s'est ouverte... Et les parents sont apparus.

Évelyne Reberg, *La Rédac*,
Nathan, «Arc-en-poche».

Il est facile de deviner la suite...

COMMENT L'AIDER À TROUVER DES IDÉES POUR UN TEXTE INFORMATIF, EXPLICATIF

D'autres types de textes sont demandés au collégien. Il pourra être amené à rédiger des textes informatifs dont le but est de renseigner, d'informer le lecteur qui, comme nous l'avons souligné, n'est souvent que l'enseignant. Il sera parfois amené à rédiger des textes explicatifs qui, eux, ont pour rôle d'expliquer une situation ou un phénomène.

Dans les différents cas, il peut facilement réunir ses connaissances à l'aide de la méthode spontanée et de la méthode systématique. Cette dernière est un peu différente de celle présentée pour une rédaction narrative mais aussi efficace.

Pour réaliser ces écrits, le collégien se documentera au CDI (centre de documentation et d'information) du collège. Toutefois, la mise au jour de ce qu'il sait déjà (ou croit savoir) par la «tempête de cerveau» est importante, car l'élève consulte alors les documents pour trouver un certain nombre de réponses : sa lecture est active et sélective. Par ailleurs, cette démarche peut l'aider à réunir ses connaissances lors d'un contrôle.

Observation

Dites à l'enfant : «Un élève doit écrire un texte dont le sujet est le suivant : "Après vous être documenté, écrivez un texte présentant le rôle de la forêt et les dangers qui la menacent." L'élève a commencé à écrire des questions. Regarde comment il a procédé.»

Les questions-pistes	
Qui ?	Qui est responsable de la disparition des forêts?
Quoi ?	À quoi sert la forêt? Quel est son rôle?
Où ?	Où les forêts sont-elles menacées?

Quand ?	Depuis quand la forêt est-elle menacée?
Comment ?	Comment les forêts jouent-elles leur rôle? Comment disparaissent-elles?
Combien ?	Combien de forêts sont menacées?
Pourquoi ?	Pourquoi les forêts sont-elles utiles? Pourquoi disparaissent-elles?

Repères

Ton travail consiste à traiter un thème. Pose-toi, tour à tour, ces différentes questions. Tu auras ainsi des pistes pour examiner ce que recouvre le thème sans rien laisser dans l'ombre.

Les questions-pistes

Qui ?	Les personnes ou les animaux
Quoi ?	Les choses, les objets
Où ?	Les lieux
Quand ?	Les périodes, les dates
Comment ?	Les procédés, les moyens
Combien ?	Les quantités
Pourquoi	Les causes
Pour quoi ?	Les buts

Pour retenir ces sept questions, prends la première lettre de chaque mot interrogatif. Tu obtiens : QQOQCCPP. Facile, non?

En présence d'un sujet précis, il ne sera pas utile de répondre à toutes les questions mais les avoir en tête constitue une aide considérable. Muni des questions dont tu ne connais pas la réponse, consulte des livres documentaires (des livres qui renseignent). Tu auras tous les éléments pour réussir ta rédaction.

Activités

Dites à l'enfant qu'il doit préparer un texte qui porte sur la publicité (ou un tout autre thème). Demandez-lui de noter les questions qu'il se pose avant de commencer sa recherche d'informations. Quand il le peut, conseillez-lui d'y répondre sans utiliser de documents : il s'apercevra qu'il possède déjà des connaissances.

Comment l'aider à organiser un texte narratif

Les idées rassemblées grâce à la partie précédente, il s'agit maintenant de les classer. Pour cela, le collégien a besoin de découvrir comment procéder et pourquoi procéder de cette manière. L'expérience montre que «faire un plan» comportant une introduction, un développement, une conclusion est souvent ressenti par les élèves comme une formalité scolaire et, de ce fait, comme une activité artificielle. Cette représentation s'accentue au fil des années. Aussi est-il important de montrer qu'un plan, c'est un parcours fléché, un itinéraire qui permet de conduire le lecteur d'un point à un autre, qui l'aide à suivre le récit et à comprendre le message. Vu sous cet angle, un plan n'est plus un exercice purement scolaire mais le moyen de parvenir à une meilleure communication. Cela change tout...

Pour ce faire, commencez par demander à votre enfant : «Que veut dire, selon toi, le mot *introduction* ? À quoi cela te fait-il penser ? À quoi sert une *introduction* ?» Il trouvera toujours des comparaisons : dessin d'un lever d'un rideau de théâtre, mime d'une télévision qu'on allume, explications verbales : «L'introduction, c'est pour faire connaissance», «L'introduction, c'est comme un bonjour quand on rencontre quelqu'un...». Quelle que soit la réponse fournie, il prend ainsi conscience du rôle de l'introduction. Renouvelez le même type d'approche pour les autres parties de la rédaction. Vous pourrez ensuite, selon le travail demandé, étudier l'organisation de tel ou tel type de rédaction.

Les objectifs de cette partie expliqués à l'enfant

Voici une proposition pour lui faire comprendre le but du travail proposé. N'hésitez pas à l'adapter, à la modifier selon ses réactions. Vous pouvez aussi partir d'une situation vécue récemment.

Dites-lui en substance : «Un castor construit sa hutte avec divers matériaux : des branches, des rondins, des pierres... Ces matériaux sont assemblés selon un ordre précis, sinon la hutte n'est pas solide. Quand tu construis une rédaction, tu dois, comme le castor, agencer tes matériaux : les mots, les phrases, les paragraphes, sinon ta rédaction est peu compréhensible pour le lecteur. Dans quel ordre placer tes matériaux? C'est ce que tu vas découvrir. Tu ne risqueras plus de rendre une rédaction fouillis parce que mal organisée.»

Observation

Demandez-lui de lire la rédaction d'un élève écrite à partir des idées notées grâce aux deux méthodes de recherche d'idées présentées au début du chapitre, puis de répondre aux questions suivantes :

– Combien l'écrit comporte-t-il de paragraphes? (Pensez à vous assurer qu'il connaît la notion de paragraphe).

– Qui sont les personnages de cette histoire?

– Où se passe l'histoire?

– Quand se passe l'histoire?

– Quelle est la première phrase de l'introduction (premier paragraphe)?

– Comment sais-tu qu'un personnage va prendre la parole?

– Combien d'étapes comporte l'histoire?

– Quelle est la dernière phrase de la conclusion (dernier paragraphe)?

Je m'appelle Bastien et j'ai douze ans. J'ai toujours rêvé d'avoir un chien car je suis fils unique. Comme j'habite dans un petit village à la campagne, je pourrais faire de grandes promenades avec mon compagnon. Malheureusement, mes parents refusent. Un après-midi, alors que je traverse un petit bois en rentrant de l'école, j'entends des jappements. Je me dirige vers l'endroit d'où proviennent ces jappements et je vois un petit chien tout seul, il semble très triste.

Je prends le petit chien dans mes bras et l'emmène à la maison. Ma mère prépare un papier, genre petite annonce, sur lequel elle écrit : « Trouvé chien noir et blanc d'environ trois mois, son propriétaire peut nous joindre au 03 45 72 17 24. » Elle va le placarder dans les magasins voisins. Plusieurs jours passent, personne ne se manifeste. À la fin de la semaine, le cœur battant, je dis à mes parents : « Ce chien a dû être abandonné par son maître, j'aimerais le garder. » Mes parents se regardent et, attendris par mon regard, ils acceptent à condition que j'en m'en occupe.

Ravi, je baptise le chien Caramel. Je joue avec lui dès que je rentre de l'école, nous nous baladons... Je me sens moins seul. Mais Caramel fait des dégâts dans la maison : il rentre trempé et mouille tout sur son passage, il mordille ce qui lui tombe entre les pattes. Mon père répète sans

cesse : « Ce chien abîme tout », ma mère ajoute : « Et en plus, il salit la maison. » Mon père décide de prendre en charge son dressage. Il veut lui apprendre à obéir, à se comporter en chien civilisé, dit-il. En vain. Caramel n'en fait qu'à sa tête et continue ses bêtises.
Un jour, Caramel dépasse les bornes, il fait des trous dans le canapé et casse un vase. Mes parents, furieux, décident de ne plus laisser le chien dans la maison et le mettent dans le garage. Je suis malheureux, je passe beaucoup de temps avec lui mais je dois rentrer dans ma chambre pour faire mon travail, pour manger, etc. Je promets que Caramel va changer, mais mes parents ne reviennent pas sur leur décision.
Trois jours plus tard, j'entends aboyer Caramel en pleine nuit. Je me lève pour aller calmer mon chien. Trop tard, mes parents sont sortis de leur chambre et mon père menace de se débarrasser de cette maudite bête. Nous descendons tous les trois vers le garage lorsqu'un bruit venant de la salle à manger attire notre attention. Nous regardons et voyons un homme s'enfuir à toute allure, poursuivi par Caramel. Mes parents font le tour de la pièce, il y a beaucoup de désordre, mais le voleur n'a rien pu emporter.
C'est grâce à mon chien que nous n'avons pas été cambriolés. Je le caresse, je le félicite. Mes parents regardent Caramel d'un air hésitant. Comme s'il sentait que le moment était important pour lui, mon chien avance doucement vers eux en agitant la queue puis se frotte contre les jambes de maman.
« Ce chien est intelligent », dit papa.
Je m'écrie :
« Oh oui ! Très. On pourrait peut-être lui pardonner. »
Mes parents semblent réfléchir puis acceptent. Depuis ce jour, Caramel est l'ami de toute la famille et nous accompagne partout. Je crois que mes parents l'aiment.

Repères

Toutes les rédactions présentent deux points communs. D'une part, elles comportent une *introduction*, un *développement* et une *conclusion* : ces différentes parties présentent toutefois quelques particularités selon le type de texte à écrire. D'autre part, toutes les rédactions sont divisées en *paragraphes* qui présentent une idée et une seule. Cette idée est annoncée dans la première phrase de chaque paragraphe.

De nombreux écrits te demandent de *raconter*. Il te faut écrire un récit, une histoire réelle ou imaginaire. Le récit suit souvent un ordre chronologique, c'est-à-dire l'ordre des événements, même si, parfois, il peut y avoir un retour en arrière. Comment le construire ?

1. Bâtis le scénario, le plan du récit

– Parcours les idées notées grâce aux deux méthodes de la page 145.

– Reprends en détail la piste : « ce qui se passe » de manière à bâtir un scénario dans ta tête. Visionne ce scénario comme si c'était un film ou raconte-le à toi-même.

– Écris une courte phrase qui résume chaque partie de ton récit, numérote-la dans l'ordre : ton plan est prêt. Exemple : 1. Bastien voudrait avoir un chien.

– Reprends tes idées et numérote-les en suivant ton plan. Tu peux aussi relier par un trait les idées qui se rapportent à la même partie dans la « tempête de cerveau ». À toi de jouer...

2. Écris le récit

L'introduction : ce qui précède le récit proprement dit

L'introduction lève le rideau. Elle permet au lecteur de comprendre le récit. Tu y présentes :

– les personnages ;

– le lieu ;

– le moment, l'époque ;

– la situation de départ (ou situation initiale) : c'est l'état dans lequel se trouvent les personnages au début de l'histoire.

Pour faire connaître les personnages ou le lieu, tu peux en faire une courte description.

Le développement : ce qui se passe

Le développement raconte le premier épisode marquant (l'élément modificateur), puis le deuxième, etc.

Pense à préciser ce que disent les personnages (les dialogues), ce qu'ils ressentent (les sentiments), ce qu'ils font (les actions).

Quand tu abordes un nouvel épisode, tu commences un nouveau paragraphe. Tu vas à la ligne et tu écris un peu en retrait de la marge.

Quand tu fais parler un personnage, note deux points **:** et ouvre les guillemets **«**. Ferme-les quand le personnage a fini de parler **»**. Tu peux aussi utiliser des tirets, sans guillemets, en allant à la ligne chaque fois que tu changes de locuteur.

La conclusion : comment se termine le récit

La conclusion est la dernière étape de l'histoire : le dénouement. Tu y indiques comment se termine l'histoire : c'est la situation finale.

Pour que le lecteur puisse facilement suivre ton récit, utilise des mots de liaison qui indiquent à quel moment se produit tel ou tel fait (*à cet instant, alors que, ensuite, aussitôt, au même moment…*).

Un bon conseil

Attention ! L'introduction, la conclusion et chaque étape du développement constituent un paragraphe distinct.
Pas de texte touffu : 1 épisode = 1 paragraphe.
Jette un coup d'œil à ton plan.

Activités

□ Situe une idée dans un paragraphe (de la 6e à la 3e)

Demandez-lui de noter dans quel paragraphe (1 à 6) de la rédaction de l'observation se trouvent les informations suivantes :

- Caramel salit la maison.
- Bastien découvre un petit chien.
- Caramel aboie.
- La mère de Bastien essaie de retrouver le maître de Caramel.
- Les parents décident de garder Caramel.
- Caramel est pardonné.
- Un voleur est entré chez Bastien.
- Caramel est relégué au garage.

□ Trouve les mots de liaison (dès la 6e)

Demandez-lui d'indiquer les mots de liaison dans la rédaction de l'observation.

□ Distingue les dialogues (dès la 6e)

Demandez-lui d'indiquer le premier et le dernier mots de chaque dialogue dans la rédaction de l'observation.

□ Vérifie si tu as compris comment construire un récit (dès la 6e)

Demandez-lui de retrouver les mots qui manquent :

Au (1) d'une rédaction, se situe l'introduction. Elle présente les (2), le moment, la (3) de départ. Dans le développement, chaque paragraphe correspond à un (4). Pour commencer un nouveau paragraphe, on va à la (5) et on écrit en (6). La conclusion se situe à la (7) de la rédaction. Elle décrit la situation (8).

☐ Écris dans les règles de l'art (dès la 6e)

Dites à l'enfant qu'une élève a écrit une rédaction dont le sujet était : « Racontez une grande peur. » Mais elle a rédigé sa rédaction en plaçant les phrases à la suite les unes des autres. À lui de la rendre plus lisible en délimitant l'introduction, les étapes du développement, la conclusion, et en distinguant les dialogues. Pour cela, il lui faut découper le texte en paragraphes, ajouter les deux points et les guillemets.

Je me présente : je m'appelle Séverine et j'ai treize ans. C'est le mois d'août et je suis en vacances chez des cousins en Normandie, en pleine campagne. Je m'amuse beaucoup et voudrais ne jamais rentrer à Paris. Un jour, un de mes cousins propose de jouer à la chasse au trésor. Il s'agit de retrouver un colis que nous avons fabriqué. Un groupe cache le colis; l'autre groupe doit le trouver dans la propriété en cherchant chacun d'un côté. Je suis chargée de retrouver le trésor. Je commence à parcourir l'endroit qui m'a été confié. Soudain, je vois un bâtiment qui semble désert. Ce bâtiment m'attire et, bien que sachant que c'est interdit, j'y pénètre. Tout à coup, j'entends des pas, je veux me cacher en haut, dans la grange, mais, dans l'obscurité, je ne vois pas que le plancher s'arrête. Je tombe dans un trou, heureusement rien de cassé. C'est alors qu'une voix d'homme me fait frissonner de peur, elle dit : « Nous allons le tuer ce soir. » Un autre homme ajoute d'un air ricaneur : « Oui, c'est le moment. » À coup sûr, ces hommes préparent un crime. Je suis pétrifiée. Pour augmenter mon angoisse, il me semble percevoir un bruit de chaînes et des soupirs. Que vais-je devenir ? Au bout d'un temps qui me paraît très long, les hommes quittent le bâtiment. J'attends quelques instants puis m'enfuis à toute vitesse. Quand j'arrive enfin chez mes cousins, hors d'haleine, toute la famille est en émoi, croyant que j'avais eu un accident. Je leur raconte mon histoire. Mon oncle éclate de rire : « Ton bâtiment est celui d'un éleveur de cochons et les deux hommes parlaient sans doute de tuer un animal qui devait être attaché et grognait ! » Tout le monde se moque gentiment de moi. J'ai honte de mon manque de courage mais, au fond de moi, je suis surtout soulagée de l'issue heureuse de mon aventure. La prochaine fois, je n'entrerai pas n'importe où.

Comment l'aider à construire un texte informatif ou explicatif

Observation

Voici un texte informatif sur le sujet de la page p. 149 : « Après vous être documenté, écrivez un texte présentant le rôle de la forêt et les dangers qui la menacent. » Demandez à votre enfant de lire le texte et posez-lui les questions suivantes :

- Combien le texte comporte-t-il de paragraphes?
- Comment distingues-tu les différents paragraphes?
- Quel est le rôle (à quoi sert) le premier paragraphe?
- De quoi est-il question dans chacun des autres paragraphes?

La forêt joue un rôle bénéfique pour la planète. Elle est l'amie de l'homme. Pourtant, de nos jours, elle est menacée de disparition.

La forêt a une grande importance pour l'équilibre du milieu naturel. Tout d'abord, la forêt assainit l'air. Par la quantité d'oxygène qu'ils rejettent, les arbres, en renouvelant l'atmosphère, sont les meilleurs protecteurs de notre santé. Chaque jour, 100 m² de forêt produisent de 300 à 1 000 litres de cet oxygène si précieux. De plus, la forêt préserve le sol de l'érosion. Les racines des arbres retiennent la terre, fixent le sable empêchant ainsi le sol de se dénuder sous l'action de la pluie et du vent. En revanche, dans les zones défrichées, rien ne retient l'eau de pluie. Non seulement la pluie s'écoule rapidement mais elle peut entraîner une partie du sol, formant des torrents de boue qui peuvent submerger les habitations. Enfin, la forêt agit favorablement sur le climat. Les arbres puisent dans le sol une importante quantité d'eau qu'ils diffusent dans l'atmosphère sous forme de vapeur d'eau; celle-ci contribue à la formation des nuages.

Depuis le début des années 1980, des études scientifiques ont signalé les effets dramatiques de la déforestation en cours. Les immenses forêts tropicales se réduisent rapidement. Au rythme actuel de la déforestation, elles risquent de disparaître dans la première moitié du XXIe siècle. Malgré des mises en garde, 160 000 hectares de forêts disparaissent encore chaque jour : les forêts n'ont plus le temps de se régénérer.

Les forêts ont pour principal ennemi l'homme. Ce dernier est responsable de la surexploitation, du non-renouvellement des espèces coupées et du manque d'entretien. Par exemple, en coupant les forêts de manière incontrôlée, il entraîne un appauvrissement des sols. Là où poussaient deux tonnes de mil à l'hectare, on n'en récolte plus que de 200 à 600 kg. De plus, dans les régions tropicales, les forêts sont incendiées et transformées en pâturages ou en terres cultivées. Le recul de la forêt s'accompagne d'une avancée des déserts et, par conséquent, de l'extension de la famine. En provoquant des pluies acides dues à la pollution de l'air, des forêts entières meurent, en particulier dans les régions fortement industrialisées. Les incendies sont, eux, responsables chaque année de la destruction du parc forestier de nombreux pays; l'homme pourrait éviter cette menace en prenant des mesures permettant de limiter le phénomène. Les insectes, enfin, causent parfois des dégâts considérables aux forêts.

D'après *Méga nature* et *Méga Junior*,
Nathan, « L'Encyclopédie vivante Nathan ».

Repères

Dans un texte informatif, explicatif, argumentatif, comme dans tout texte, les idées ne se suivent pas sans ordre. Elles sont organisées de manière à rendre l'écrit plus facile à lire. Comment procéder?

Divise ton texte en paragraphes. Matériellement, tu mets en évidence le changement de paragraphe en allant à la ligne et en écrivant un peu en retrait vers la droite. Tu peux aussi laisser un espace de deux lignes entre chaque paragraphe.

1. L'introduction

L'introduction annonce le sujet et, éventuellement, souligne son intérêt. Elle indique ensuite les différents points traités dans le développement. Ayant lu l'introduction, le lecteur doit pouvoir se dire : « Dans ce texte, il est question de... » Tu lui consacres un paragraphe.

2. Le développement

Chaque paragraphe du développement est consacré à l'examen d'un point. Annonce ce point, c'est-à-dire l'idée essentielle du paragraphe dans la première phrase de chacun d'entre eux. Exemple : dans un texte présentant un animal, tu peux consacrer un paragraphe à sa description physique, un autre à son habitat, etc.

Le point traité dans chaque paragraphe constitue l'idée principale. Elle est indiquée dans la première phrase, voire dans la première et la deuxième phrases. Les autres idées, les idées complémentaires, développent l'idée principale : elles l'expliquent, elles l'illustrent, etc. Dans tous les cas, les idées complémentaires se rapportent à l'idée principale. Exemple : dans le deuxième paragraphe du texte de l'observation, l'idée principale se situe dans la première phrase : «La forêt a une grande importance pour l'équilibre du milieu naturel.» Les idées complémentaires contenues dans les autres phrases expliquent l'idée principale.

Pour montrer les relations entre les idées, il est judicieux d'utiliser des mots/locutions de liaison : *en revanche*, *cependant*, *de plus*, *etc.* Exemple : dans le texte de l'observation, «pourtant», dans le premier paragraphe, est un mot de liaison.

3. La conclusion

La conclusion achève la rédaction. Elle peut consister à examiner le dernier point. Mais, à partir de la classe de 4e, il est préférable qu'elle rappelle brièvement les points traités et établisse le bilan. Ce bilan représente l'aboutissement des idées traitées dans le développement.

☐ Comment savoir si un paragraphe est bien construit?

Quand tu écris un texte documentaire, il existe une bonne stratégie pour tester un paragraphe : tu le traduis par un titre ou une courte phrase. Exemple : pour le paragraphe 2 du texte de l'observation, «Le rôle primordial de la forêt».

Un bon conseil

Un paragraphe = une idée. Si tu ne parviens pas à attribuer un titre à un paragraphe, relis-le. À chaque phrase, demande-toi : «Est-ce bien toujours la même idée?» Si tel n'est pas le cas, entame un nouveau paragraphe.

Activités

☐ Familiarise-toi avec la construction d'un texte informatif (de la 6e à la 3e)

Demandez-lui de relire le texte utilisé pour l'observation et de répondre aux questions :

1. À quoi sert le premier paragraphe?
2. Quel est le point commun entre le titre et le premier paragraphe?
3. Quelle est l'idée principale du deuxième paragraphe?
4. Quelle est l'idée principale du troisième paragraphe?
5. Quelle est l'idée principale du quatrième paragraphe?

6. Dans quelle phrase se situe l'idée principale de chaque paragraphe?
7. Quel est le rôle des autres phrases?

□ Donne un titre aux paragraphes (de la 6e à la 3e)

Demandez-lui d'attribuer un titre aux paragraphes du texte de l'observation, sauf au premier paragraphe qui, rappelez-lui, est l'introduction.

□ Construis le texte (à partir de la 5e)

Dites à l'enfant : « Voici un texte sur la Convention des droits des enfants. Il est dans le désordre. Reconstitue-le. Pour cela, tu cherches d'abord le paragraphe qui sert d'introduction et, ensuite, tu t'appuies sur les mots de liaison. »

A. Ensuite, la protection. La Convention reconnaît à l'enfant le droit d'être protégé contre toutes les formes d'exploitation, contre les mauvais traitements, mais aussi en cas de guerre, de conflit, d'emprisonnement. Elle définit ses droits face à la justice.
B. D'abord, la survie. Les États reconnaissent en effet à l'enfant le droit d'avoir un niveau de vie suffisant, c'est-à-dire une alimentation appropriée, un accès à de l'eau potable, un logement décent, les soins médicaux nécessaires, et aussi le droit d'avoir un nom, une nationalité.
C. Enfin, la participation. La Convention reconnaît à l'enfant le droit de participer à sa propre vie en tant que « personne ». Un enfant a le droit de penser et de s'exprimer, de même qu'il a droit à l'éducation, mais aussi aux loisirs et aux jeux, qui sont nécessaires à son développement.
D. Ce texte commence par définir les droits des enfants, en insistant sur le fait qu'ils sont ceux de tous les enfants, sans distinction aucune de race, de couleur, de religion ou d'origine. Trois grandes parties en forment l'armature.

Z.S. Khan, P Collange, *Les Droits des enfants*,
Nathan, « Monde en poche ».

□ Classe les informations et rédige un texte (4e, 3e)

Dites à l'enfant qu'un élève a relevé, pêle-mêle, des informations pour rédiger un texte informatif sur les droits des enfants. Demandez-lui d'effectuer le travail suivant :

1. Classe ces informations dans les paragraphes consacrés à ces différents points :
   a. Le droit à la santé et à la vie

b. Le droit de se nourrir
c. Le droit de jouer, d'être protégé
2. Rédiger le texte sans oublier d'ajouter des mots de liaison si nécessaire (*de plus*, *par ailleurs*, *par suite*, *en effet*, etc.).

Informations
1. Chaque jour, 40 000 enfants meurent de faim dans le monde. Un chiffre et un drame que nous avons du mal à imaginer. Pour nous, avoir faim, c'est attendre un repas avec un petit creux dans l'estomac. Pour des dizaines de milliers d'enfants, c'est ne pas pouvoir s'alimenter, vivre.
2. Chaque jour, 280 000 enfants succombent à la maladie dans le monde. Parmi eux, un tiers a moins de cinq ans.
3. Des enfants, hélas, sont emprisonnés. Certains ont été incarcérés avec leurs parents. Beaucoup sont arrêtés pour des vols ou des délits mineurs.
4. Dans de nombreux pays encore très pauvres, les enfants naissent [...] dans les maisons. Sans eau, sans électricité, il est impossible d'entourer les bébés de l'hygiène indispensable.
5. La faim frappe surtout dans les pays pauvres d'Afrique, d'Asie et d'Amérique du Sud. Ce fléau est une atteinte permanente aux droits de l'homme et aux droits des enfants.
6. Dans les populations très pauvres, les futures mères qui ne disposent pas d'une alimentation suffisante nourrissent mal le bébé qu'elles portent. Celui-ci souffre déjà de la faim.
7. Beaucoup d'enfants sont obligés de travailler car ils sont victimes de la misère économique.
8. Pour remédier à ce problème, des campagnes de vaccination touchent de nombreux pays.
9. De l'adolescence à l'âge adulte, l'enfant a un retard qu'il ne rattrape jamais. Manquant de force physique, ne pouvant acquérir un bon métier, il restera confronté au problème de la faim, de la sous-alimentation. Le cycle se reproduit.
10. L'état moral et psychologique des enfants qui travaillent est lamentable. Il s'agit, en fait, d'un véritable esclavage.
11. Le tétanos cause, en une année, la mort de 75 000 nourrissons et coûte la vie à de nombreuses mères.
12. Alors que, chez nous, les enfants jouent, se distraient, on estime que 200 millions d'enfants travaillent surtout en Afrique, en Asie et en Amérique latine. Et leur nombre a augmenté depuis 1980.
13. Dans d'innombrables régions du monde, le simple fait de boire de l'eau met la santé en danger.
14. Les enfants qui travaillent ne peuvent ni jouer ni apprendre.
15. Les enfants orphelins, abandonnés, sans travail ou très mal payés deviennent la proie de véritables trafiquants. Ceux-ci les enlèvent ou les

persuadent de les suivre pour, ensuite, les vendre. Des entrepreneurs les achètent pour exploiter leur travail.
16. Certains enfants sont enrôlés d'office dans l'armée, par exemple au Nicaragua ou en Afghanistan. Ailleurs, comme en Iran, l'âge légal pour être soldat a été abaissé à treize ans.
17. À partir de six ans, le manque de nourriture n'assure pas à l'enfant l'énergie nécessaire pour bien suivre à l'école, pour apprendre, se développer.

Z.S. Khan, P. Collange, *Les Droits des enfants*,
Nathan, « Monde en poche »
et J. Klatzmann, F. Julien, *Bientôt six milliards de terriens*,
Nathan, « Poche Nathan ».

☐ Exerce-toi à écrire une introduction et une conclusion (4e, 3e)

Dites à l'enfant qu'un élève a écrit l'introduction et la conclusion d'une rédaction dont le sujet est le suivant : « Présentez les différents médias qui permettent de diffuser l'information en soulignant les avantages et les inconvénients de chacun d'entre eux. » Demandez-lui de les lire afin de répondre aux questions.

1. Où est annoncé le sujet ?
2. Quels vont être les différents points traités dans le développement ?
3. Où avez-vous trouvé l'information répondant à la deuxième question ?
4. Quel est le rôle de la dernière phrase de l'introduction ?
5. Par quelle expression commence la conclusion ?
6. Quel rôle joue la conclusion ?

Introduction

Les médias sont l'ensemble des moyens qui traitent et diffusent l'information à travers le monde. Les trois principaux médias sont : la presse, la radio ; la télévision. Concurrents et complémentaires, ils occupent une place importante dans notre vie.

Conclusion

Ce tour d'horizon montre que les différents médias présentent des différences. Ces différences portent sur trois points : la facilité d'accès, la rapidité de diffusion de l'information et l'impact sur le public.

Méga junior, Nathan, « L'Encyclopédie vivante Nathan ».

Témoignage

La connaissance de la notion de paragraphe réserve souvent des surprises. Voici, à ce sujet, une anecdote vécue.

Alertée par les hésitations des élèves sur des exercices qui demandaient de chercher ce qui se passait dans tel ou tel paragraphe d'un texte, j'ai, au cours d'une recherche, effectué un sondage dans une classe de 6e. Les élèves devaient indiquer le nombre de paragraphes d'un texte. L'éventail des réponses s'est révélé très diversifié. J'ai alors interrogé les enfants pour savoir comment ils avaient compté les paragraphes. Je me suis aperçue que, pour certains, un paragraphe correspondait à une ligne, pour d'autres à deux lignes, etc. N'arrivant pas à comprendre le procédé employé par une élève, je lui ai fait répéter plusieurs fois ses explications. J'ai fini, grâce à ses gestes, par prendre conscience qu'elle comptait les paragraphes en écartant le pouce et l'index de cinq centimètres environ. Un jour, un enseignant avait dû esquisser ce geste et l'élève était restée avec cette représentation : un paragraphe mesure cinq centimètres...

Cette anecdote serait amusante si tous les manuels de textes, dès le CE2, ne faisaient appel à cette notion de paragraphe dans leur «appareil pédagogique», c'est-à-dire tout simplement dans les questions qui suivent le texte. En réalité, les élèves ont parfois de mauvais résultats, non pas parce qu'ils ont des difficultés de lecture, mais parce que certaines notions, évidentes pour l'adulte, ne le sont pas pour eux. Si les activités étaient suivies d'une mise au jour des stratégies, ce type d'écueil disparaîtrait.

Pour aller plus loin : écrit et style d'apprentissage

Les écrits sont souvent révélateurs du style d'apprentissage de leurs auteurs, enfants ou adultes.

Les enfants photographes ou réalisateurs trouvent un grand nombre d'idées grâce à leur imagination ; ils savent «voir» les grandes étapes de leur devoir mais, au moment de la rédaction, le déroulement des idées n'est pas toujours logique. En outre, toujours prêts à établir des associations, ils laissent parfois passer une idée hors sujet. Leur relecture est généralement bâclée, voire inexistante. Ces enfants trouveront plus souvent une annotation du type « Les rédactions sont mal construites ».

Les enfants paroliers présentent leurs idées logiquement. Leurs phrases comportent des mots de liaison. Ils maîtrisent assez bien l'orthographe et la syntaxe. De plus, ils prennent la précaution de se relire. Mais leur style est quelquefois monotone et peu imagé. Enfin, il leur arrive d'être à court d'idées. Ils trouveront plus souvent une annotation du type « Manque d'idées, les rédactions sont trop succinctes ».

Comme toute opération mentale, un écrit réussi nécessite la collaboration des deux hémisphères cérébraux :

– L'hémisphère droit, créatif, global, qui produit les idées, domine l'ensemble et dégage la structure, c'est *l'auteur intuitif*; rappelons que cet hémisphère prédomine chez les enfants photographes ou réalisateurs.

– L'hémisphère gauche, rationnel, logique, qui procède à une recherche systématique des idées, qui agence les mots, les idées, les fait progresser méthodiquement, relit et corrige point par point. Il représente *l'artisan organisateur*[1] ; rappelons que cet hémisphère prédomine chez les enfants paroliers.

1. Jean Guénot, *Écrire : guide pratique*, éd. Jean Guénot, 1998.

9

« Manque d'autonomie dans les recherches personnelles »

Dans le même ordre d'idées, vous trouverez : « N'a pas compris qu'il fallait faire des recherches personnelles », « Ne sait pas chercher l'information », « Ne sait pas se documenter », « Doit apprendre à travailler seul »...

QU'EST-CE QUE CELA VEUT DIRE ?

À l'heure actuelle, le collégien ne doit plus seulement se livrer à des activités traditionnelles : effectuer des exercices, résoudre des problèmes, préparer des rédactions, mais réaliser des travaux personnels à partir de documents : dossiers, albums documentaires, panneaux... Cette évolution, nous y reviendrons dans la conclusion, est positive. Toutefois, les élèves se heurtent parfois à un manque de savoir-faire dans la maîtrise de l'information. Il leur faut d'abord se faire une idée du contenu des livres, s'y orienter, afin de trouver le chapitre ou la page se rapportant à leur sujet ou à leur(s) question(s). Cette compétence a été traitée au chapitre 1. Il leur reste maintenant à apprendre à détecter et à trier sans hésitation les informations qui le concernent. Comme le montrent les expériences relatées plus loin, les collégiens rencontrent des écueils qui, bien souvent, nécessitent votre concours, car rien ou presque n'est fait dans ce sens au collège.

Comment l'aider à acquérir des stratégies de recherche

Pour pouvoir explorer avec succès un chapitre, une page, il est nécessaire de s'appuyer sur les titres et les intertitres, exploiter les indices visuels tels que la typographie qui permet d'attirer l'attention sur certains éléments, etc. Certains caractères d'imprimerie ont un statut particulier. Ainsi, les caractères gras mettent en valeur les mots importants, les caractères italiques sont utilisés pour les légendes, pour les exemples, pour les citations ; les capitales servent pour les titres…

Les observations montrent que les élèves ne prêtent pas toujours attention à la variété des caractères et surtout n'en saisissent pas la portée. Par suite, ils risquent de ne pas distinguer la règle de grammaire de l'exemple qui l'illustre, de mettre sur le même plan le texte du cours et les documents d'accompagnement dans un manuel scolaire…

De plus, le collégien doit être capable de varier ses parcours de lecture. Lors d'observations d'élèves de 6e, j'ai constaté que, lorsque l'enseignant donne pour consigne « Lisez le texte page tant » (en français, en histoire, en géographie…), la lecture est commencée en haut à gauche et poursuivie jusqu'au dernier mot de la page même si la page comporte un autre texte… ou aborde un autre sujet. La lecture est essentiellement uniforme, linéaire. Les lecteurs restent tributaires de leurs habitudes d'apprentissage. Apprenant à lire sur des textes narratifs dont ils construisent le sens dans le déroulement continu du récit, les jeunes lecteurs reproduisent ce modèle d'apprentissage qui les sécurise, et cela, même si le support auquel ils sont confrontés n'est pas adapté à ce type de lecture.

Dans ce chapitre, le lecteur va d'abord découvrir comment fonctionne une page documentaire, ses différents éléments et leur rôle. Il pourra ainsi se reporter directement au passage qui contient l'information désirée. Il s'agit de passer très vite sur les parties non significatives par rapport au but poursuivi pour pouvoir consacrer plus de temps à l'essentiel. Cette manière de procéder est plus efficace que celle qui consiste à tout lire sans distinction. Savoir qu'il peut, dans la recherche, sauter des paragraphes est souvent une révélation pour l'enfant.

En le libérant du mot à mot, en lui faisant découvrir les pistes qui mènent à l'information, vous lui permettez de maîtriser la quantité et, ainsi, d'aborder avec sérénité la consultation de plusieurs ouvrages.

Il va aussi s'entraîner à manier différents parcours de lecture. Cela nécessite une grande mobilité oculaire. Pour y parvenir, il pourra avoir recours à un guide visuel : crayon (à l'envers), index déplacés de plus en plus vite. Contrairement à une opinion répandue, une lecture guidée est plus rapide : elle diminue les temps de fixation du regard. Elle est aussi plus fiable.

La maîtrise des trois «balayages» rendra de grands services pour trouver plus facilement l'information.

Le *balayage horizontal* est le plus fréquent. Il s'agit de parcourir les lignes de gauche à droite. Il est utile pour repérer des éléments dans un texte, par exemple les termes qui se rapportent à un champ lexical donné, c'est-à-dire les mots se rapportant à la même idée (le champ lexical des mots «sable», «plage», «rocher», «vague» est «mer»).

Le *balayage vertical*, lui, consiste à parcourir les lignes de haut en bas. il est à mettre en œuvre lorsque le lecteur se trouve en présence de listes, de textes en colonnes étroites.

Le *balayage diagonal* consiste à parcourir un texte en «zigzag», en sautant des lignes. Il est indiqué pour détecter, dans un texte, l'endroit qui contient la réponse à une question, le passage pouvant être repris en lecture intégrale afin d'en extraire l'information.

Les objectifs de ce chapitre expliqués à l'enfant

Voici une proposition pour lui faire comprendre le but du travail proposé dans ce chapitre. N'hésitez pas à l'adapter, à la modifier selon ses réactions. Vous pouvez aussi partir d'une situation vécue récemment. Dites-lui en substance : «Lorsque tu as ouvert un livre documentaire à la bonne page ou au bon chapitre grâce au sommaire et à l'index comme tu as appris à le faire au chapitre 1, tu te sens parfois un peu dérouté pour situer l'information. Tu penses qu'il te faut lire toutes les lignes qui se présentent jusqu'à ce que tu découvres ce que tu cherches. Rassure-toi. Une page, un chapitre documentaire comportent des pistes qui permettent de trouver immédiatement les passages qui t'intéressent au lieu de tâtonner, voire de t'égarer. Découvre ces pistes. Il peut arriver qu'un texte ne comporte pas de pistes. Là encore, inutile de tout lire de A à Z. Par ailleurs, il t'est peut-être arrivé de relever ce que tu croyais être l'information demandée et... tu t'es trompé ! Que s'est-il passé ? Découvre la panoplie complète du chercheur accompli. »

Observations

1. Ouvrez un livre documentaire à la page choisie par votre enfant ou par vous-même. Demandez-lui d'examiner la page. Que contient cette page ? Les caractères d'imprimerie utilisés sont-ils tous les mêmes ? Pourquoi ? Combien de parties comporte cette page ? Combien de paragraphes comporte-t-elle ?

2. Montrez-lui un texte et demandez-lui de trouver tous les mots qui se rapportent à un thème ou tous les mots qui désignent un bruit... Dites-lui de vous indiquer comment il a procédé, quel a été le parcours de ses yeux.

3. Montrez-lui une liste. Par exemple, dans un index, demandez-lui de trouver la page où est traité un sujet ; dans un annuaire, un numéro de téléphone. Dites-lui également de vous indiquer comment il a procédé, quel a été le parcours de ses yeux.

4. Montrez-lui un texte (il peut s'agir du même texte que précédemment), posez-lui une question dont la réponse figure dans le texte et demandez-lui de trouver le renseignement. Dites-lui de vous indiquer comment il a procédé, quel a été le parcours de ses yeux.

Discutez ensemble de la stratégie la mieux adaptée dans chacun des cas.

Repères

Quelles sont les stratégies de recherche qui permettent de *détecter le passage qui répond exactement à ta question dans un livre documentaire* ? Suis le guide.

– Lis titres et intertitres : ils traduisent l'essentiel de ce qui est traité dans les lignes qui suivent.

– Regarde la numérotation : un numéro nouveau = une idée nouvelle.

– Jette un coup d'œil aux illustrations et à leurs légendes.

– Si les titres sont absents ou peu nombreux, lis la première phrase de chaque paragraphe : elle annonce l'idée qui va être développée dans le paragraphe.

– Prête attention aux mots ou phrases mis en relief par la typographie (soulignages, caractères gras...).

Quelles sont les stratégies de recherche à mettre en œuvre pour *situer l'information dans n'importe quel texte, y compris un texte narratif, et l'extraire sans risque d'erreur*?

• Lis la question et analyse-la comme tu as appris à le faire au chapitre 6.

• Parcours le texte en ayant recours à un de ces trois procédés. Pour chacun d'entre eux, utilise un guide visuel : ton doigt ou un crayon (à l'envers...) en t'efforçant de le déplacer de plus en plus vite.

– Tu veux repérer certains mots, certains éléments? Suis rapidement les lignes du texte, dans le sens horizontal : →.

– Tu veux repérer certains mots ou certains éléments dans une liste? Fais descendre rapidement ton guide visuel le long de la liste dans le sens vertical : ↓.

– Tu veux trouver la réponse à une question dans une page? Sillonne le texte des yeux jusqu'à ce que tu repères l'endroit où se situe l'information. Déplace ton guide visuel en zigzag.

• Lis en entier le passage ou la phrase détecté(e).

• Vérifie si les informations trouvées dans le texte correspondent bien aux éléments de la question. Pour cela, procède à des allers-retours entre le texte et la question. Compare les informations du texte et les mots soulignés de la question. La réponse est-elle exacte? Est-elle complète? Oui? Feu vert, écris ta réponse.

Activités

Ces activités sont à présenter comme un jeu de piste. Sus à l'information! Les stratégies découvertes sont évidemment à mettre en œuvre chaque fois que le collégien aura besoin de les pratiquer pour un travail scolaire ou dans la vie quotidienne. L'idéal serait d'ailleurs de les faire découvrir à l'occasion d'une recherche réelle.

☐ Repère les informations

Montrez-lui comment mettre en œuvre le balayage horizontal, stratégie la plus indiquée pour chercher des mots, des informations dans un écrit. Demandez-lui alors de trouver, dans un texte, les mots qui se rapportent à un thème ou à certains objets, le nom des personnages ou, simplement, de repérer les ingrédients à réunir pour réaliser une recette de cuisine, les outils nécessaires pour fabriquer, réparer un objet.

Bien qu'appelant une lecture recherche, certaines activités portent sur des textes narratifs. De cette manière, le lecteur prend conscience que le parcours de lecture dépend non seulement du texte, mais du type de travail à effectuer. Il peut être amené à changer de stratégie pour un même texte.

Exemple 1 (dès la 6e). Demandez-lui de parcourir le texte afin de repérer et d'indiquer tous les mots qui se rapportent à l'école. Si un mot apparaît deux fois, il ne le relève qu'une seule fois. Le mot « école » ne compte pas.

Des enfants sans école

Une vie d'enfant sans école, est-ce possible ? Dans de nombreuses régions du monde, hélas, oui ! Et ne pas aller à l'école, cela ne veut pas dire « être en vacances », jouer, voyager... Cela signifie ne jamais savoir lire, ni écrire, ne pas pouvoir apprendre un métier, rester dans la pauvreté.

En 1960, 117 millions d'enfants entre 6 et 11 ans n'étaient pas inscrits à l'école primaire. Après de gros efforts, ce chiffre était descendu à 50 millions en 1985. Mais depuis, la situation s'est détériorée. En 1990, ils étaient 165 millions à n'avoir jamais été accueillis dans une école primaire ! Ces chiffres sont très inquiétants. Et le problème tient à de multiples difficultés. Il n'y a pas assez d'écoles, bien sûr. Et quand il y en a, elles sont souvent très démunies. Instituteurs et institutrices ne disposent, par exemple, ni de livres, ni de cahiers, ni même d'un tableau !

On constate aussi que 90 % des enfants des pays en voie de développement, en Asie, en Afrique, en Amérique latine, commencent leur scolarité... et quittent l'école au bout de deux ou trois ans, sans avoir eu vraiment le temps d'apprendre. Pourquoi ? Pour des raisons diverses, toujours liées à la pauvreté. Même si l'école est gratuite, il faut cependant acheter quelques crayons, parfois prendre le bus pour s'y rendre, s'habiller, avoir au moins une paire de chaussures... Pour des familles qui n'ont pas de quoi manger à leur faim, ces seules dépenses sont déjà impossibles à assumer. Souvent, aussi, les parents font vite appel à leurs enfants pour garder les plus petits, pour les aider aux travaux des champs...

Z.S. Khan, P. Collange, *op. cit.*

Exemple 2 (dès la 6e). Demandez-lui de parcourir le texte afin de repérer et d'indiquer :

a. la date et l'heure;
b. la ville que viennent de quitter les personnages;
c. le nom des personnages;
d. la ville où se rendent les personnages.

En route pour l'Italie

Mais autant commencer par le commencement. Aujourd'hui, 18 février, nous venons de quitter Paris par le train de 20h15, gare de Lyon. Nous, c'est Pierre-Paul de Culbert, alias P.-P. Cul-Vert, deux ans d'avance, premier de classe, trois valises mais pas de brosse à dents. Mathilde Blondin, dite Mathilde Blondin, une nouvelle au collège, si secrète et réservée que personne n'a trouvé de surnom pour ses taches de rousseur et son caban trop grand. Enfin, M. Coruscant, notre prof d'histoire-géo, montre à chaîne, cheveux en brosse, une pochette au veston, et les genoux qui craquent quand le temps est humide.

Je me suis gardé pour la fin. Par politesse, comme dit ma mère. Mais ce n'est pas la seule raison. D'abord, je ne m'aime pas. Et ce n'est pas mon nom, Rémi Pharamon, qui pourrait arranger quelque chose.

Je le tiens de mon père, passé chez nous le temps de laisser ça, Pharamon, comme s'il avait oublié ses papiers dans mon berceau. Un nom de momie roulée dans la farine.

Il y a aussi d'autres raisons, mais j'en parlerai plus tard...

Donc, nous quatre, ce dimanche 18 février, nous partons pour Venise à bord d'un train de nuit.

J.-P. Arrou-Vignod, *Le professeur a disparu*,
Gallimard, «Folio junior».

☐ Repère les informations (de la 6e à la 3e)

Montrez-lui comment mettre en œuvre le balayage vertical, stratégie la plus indiquée pour chercher des éléments (mots, numéros) dans une liste. Choisissez un livre qui se prête à cette technique : dictionnaire, annuaire, listes diverses, et posez-lui des questions.

☐ Sillonne le texte pour aller droit à l'information

Rappelez-lui comment pratiquer le balayage diagonal, stratégie la plus indiquée pour chercher la réponse à des questions. Conduisez-le à utiliser cette stratégie.

Les questions précèdent ici le texte de manière à engager une lecture recherche. De plus, elles ne suivent plus l'ordre du texte afin que celui-ci soit parcouru en tous sens. L'enfant acquiert ainsi un nouveau mode de lecture : il sillonne le document à la recherche d'informations et ne lit plus linéairement de A à Z. Le balayage est diagonal.

Certaines questions nécessitent de fournir deux ou trois éléments d'information. De nombreux enfants ont, en effet, tendance à s'arrêter dès qu'ils pensent tenir la réponse et ne vérifient pas son intégralité en allant plus loin dans le texte. Il est important de les habituer à éviter cet écueil.

Exemple 1 (de la 6e à la 3e). Demandez-lui de lire la première question et de chercher la réponse dans le document en allant droit au but. Dites-lui de procéder de même pour les autres questions. Le nombre d'étoiles indique le nombre d'informations à fournir pour chaque réponse :

*** 1. Quels sont les trois principaux types de pollution ? Sois bref (brève) !

** 2. Quelles sont les deux principales sources de pollution des sols ?

* 3. Quelle est la principale cause de pollution des cours d'eau ?

* 4. Comment lutte-t-on contre la pollution de l'eau ?

* 5. Pourquoi les eaux de pluie peuvent-elles détruire la végétation ?

* 6. Quelle mesure a-t-on prise pour lutter contre l'émission de gaz toxiques ?

* 7. Comment s'appelle la personne qui a interdit le dépôt d'ordures sur la voie publique ?

SOS pollution

La nature est en danger, notre environnement menacé. Partout l'alerte est donnée. Saurons-nous intervenir à temps ?

La pollution existe depuis que les premières cités se sont constituées. Elle a pris une ampleur considérable avec l'apparition de la civilisation industrielle et l'augmentation de la population du globe.
Depuis, elle ne cesse de s'aggraver. L'environnement se dégrade. La survie de l'homme et de nombreuses espèces animales et végétales est menacée.

Aujourd'hui, des moyens efficaces sont mis en place pour lutter contre les dangers de la pollution. Ils coûtent cher et demandent organisation, volonté et entraide. Mais la lutte est engagée.

Pollution de l'air
Une réglementation sévère est mise en place (filtres des cheminées d'usine, meilleur réglage des moteurs des automobiles) pour réduire l'émission de gaz toxiques qui entraînent, surtout en milieu urbain, des affections graves (bronchite chronique, asthme...).
Les eaux de pluie, chargées de gaz toxiques (pluies acides), entraînent une importante destruction de la végétation.

Pollution de l'eau
Le rejet dans les cours d'eau des déchets de la vie urbaine (eaux usées) et industrielle (produits chimiques toxiques : soufre, chlore, mercure...) entraîne une dangereuse pollution qui peut devenir catastrophique lorsque les quantités rejetées sont très importantes. C'est ainsi qu'à la fin de l'année 1986, toute la chaîne écologique du Rhin (faune et flore) fut détruite sur des centaines de kilomètres.
Des stations d'épuration et d'assainissement des eaux avant leur rejet ont pour but de combattre cette pollution. Leur construction se multiplie.

Pollution des sols
Par les ordures : C'est en 1833 que M. Poubelle, préfet de la Seine, interdit le dépôt d'ordures sur la voie publique, rendant obligatoire l'usage des boîtes à ordures. Depuis, chaque jour, des tonnes de déchets sont ramassées et brûlées dans de puissants fours : les incinérateurs. Toutefois, hors des villes, des décharges publiques et sauvages existent encore et souillent les sols.
Par les insecticides et les herbicides : Une réglementation sévère est maintenant mise en place. Un emploi exagéré du D.D.T. a déjà provoqué la disparition de certains oiseaux.

J.-P. Dupré, *Méga junior*, Nathan.

Exemple 2 (4e, 3e). Dites à l'ado de sillonner le texte du regard afin de trouver les réponses aux questions. Rappelez-lui que les titres peuvent l'aider : ils permettent de se diriger rapidement vers le passage qui contient l'information. Le nombre d'étoiles indique le nombre d'informations à fournir pour les différentes questions.

* 1. Pourquoi les travailleurs émigrés occupent-ils souvent des emplois mal payés?
* 2. Quelle est la cause de la pauvreté dans les pays développés?
**** 3. Sur quoi portent les programmes d'aide internationale?

* 4. Quelle est la cause de la pauvreté dans les pays du tiers-monde?
* 5. Quelle est la principale cause d'émigration?
** 6. Quelles sont les deux caractéristiques des pays voisins vers lesquels a lieu l'émigration?

Les pauvres du monde

Il y a aujourd'hui 1,1 milliard de personnes qui sont au-dessous du seuil de pauvreté absolu. Elles ont moins de 1 euro par jour et par personne pour se nourrir, se loger, s'habiller, s'éduquer.

Les causes
La pauvreté est importante dans les pays du tiers-monde où le développement agricole et industriel insuffisant ne peut assurer un niveau de vie correct à une population sans cesse croissante. Mais la pauvreté est également présente dans les pays développés, notamment dans les villes, où le chômage provoqué par la crise économique mondiale ne permet plus de donner à tous le salaire nécessaire à une vie décente.

L'aide internationale
Face à la pauvreté, les pays développés, l'ONU, la Banque mondiale ont mis en place des programmes d'aide. Celle-ci porte sur l'instruction élémentaire (alphabétisation), la formation des agriculteurs, l'éducation à la santé (création de dispensaires, vaccination...) et l'accès à l'eau potable.

Une des conséquences : l'émigration
Pour tenter d'échapper à la misère, beaucoup d'habitants s'expatrient. Ils émigrent vers les pays voisins, plus riches et mieux développés. Ainsi de la Colombie au Venezuela, du Mexique vers les États-Unis, du Pakistan vers les émirats du golfe Persique, de l'Afrique vers l'Europe... Comme ils n'ont pas de formation professionnelle, ces travailleurs occupent des emplois peu ou mal payés. Ils vivent dans des conditions difficiles, mais envoient pourtant la plus grande partie de leur maigre salaire à leur famille restée au pays.

Méga monde, Nathan, « L'Encyclopédie vivante ».

Jalons pour d'autres activités

Vous pouvez également demander à l'enfant d'effectuer les activités suivantes :

– compter le nombre de personnages qui prennent la parole dans un texte;

– noter la première phrase du paragraphe où il est question de tel ou tel point, où l'on apprend qu'il est arrivé tel ou tel événement;

– rechercher des mots autour d'un thème. Une liste de mots très divers est présentée. Les enfants ont à entourer tous ceux qui correspondent à la consigne «J'y pense quand je pense à la mer»;

– relever dans une histoire les phrases qui seraient utiles pour dessiner tel ou tel personnage;

– explorer le programme de télévision pour trouver différentes informations :

• titre d'un dessin animé qui passe le mercredi à telle heure sur telle chaîne,

• nom d'un acteur qui a joué le rôle d'un médecin samedi après-midi dans un téléfilm sur telle chaîne,

• durée d'un feuilleton qui passe tous les soirs à telle heure sur telle chaîne,

puis, plus difficile :

• trier tous les téléfilms du mercredi dont le héros est un enfant entre onze et seize ans,

• trier toutes les émissions sur les animaux, etc.;

– préparer une petite scène de théâtre en faisant préalablement la liste des personnages, la liste des accessoires utiles, la liste des vêtements nécessaires, etc.

Comment l'aider à naviguer avec profit sur Internet

Internet est maintenant entré dans presque tous les foyers. Cet outil permet au collégien de trouver de la documentation précieuse pour son travail scolaire, à condition qu'il sache le manier. La formation des internautes est malheureusement presque inexistante. Pour leur éviter des recherches infructueuses ou aboutissant à des sites pour le moins surprenants, vous pouvez les aider par ces quelques conseils.

Objectifs de cette partie expliqués à l'enfant

Dites-lui en substance : «Tu adores consulter Internet, tu y passerais des heures. Quand tu t'en sers pour te distraire, tu peux surfer à ta guise; en revanche, quand tu y as recours pour ton travail scolaire, il est important, comme pour les livres, de trouver rapidement ce que tu cherches. »

Observation

Demandez-lui d'observer la page d'accueil une fois qu'il est connecté (attention: la page d'accueil n'est pas forcément celle d'un moteur de recherche; dans ce cas, il faut taper l'adresse d'un moteur). Où écrire son sujet? Que faire pour accéder aux informations sur ce sujet? Demandez-lui ensuite de consulter le premier site obtenu : comment se présente-t-il? Comment choisir ceux qui sont à retenir?

Repères

Voici quelques pistes qui te permettront de naviguer avec profit sur Internet.

☐ Choisis ton moteur de recherche

Un moteur de recherche est une gigantesque base de données mise à jour continuellement par des « robots », programmes spécialisés qui parcourent les pages pour constituer une liste de mots clés se rapportant au site. Exemples de moteurs : Voila, Google, Yahoo...

☐ Choisis tes mots clés

Lorsque tu effectues une recherche sur Internet, les mots clés te permettent d'accéder à l'information. Essaie de définir des mots clés aussi précis que possible. Comme la masse d'informations est énorme, plus tu cibleras ta recherche, plus tu obtiendras de résultats pertinents. Évite les termes trop généraux, sinon tu te verras proposer des centaines de sites, dont très peu auront d'intérêt pour toi.

Chacun des moteurs a ses propres conventions et symboles, mais, en général, si tu recherches:

– une expression littérale ou un nom propre : encadre de guillemets les termes, ou le nom et le prénom, par exemple : « Gustave Flaubert » et non Gustave Flaubert; cela t'évitera d'obtenir la liste de tous les sites comportant le mot « Gustave » ou le mot « Flaubert »;

– plusieurs mots : insère le signe + entre chaque terme, par exemple : malnutrition + Inde, ou mieux encore : sous-développement + malnutrition + Inde; les moteurs de recherche proposent aussi une «recherche approfondie» qui permet de choisir des thématiques précises;

– des images, des films, des sons : tape le sujet + gif (ou + jpg...) : ce sont des indications de format de fichiers-images; par exemple : pyramide + gif pour des photos au format gif de pyramides; plus simple, sur Google, il suffit de cliquer sur «images»;

– une langue : certains moteurs permettent de définir la langue des pages recherchées; cela évite de se retrouver devant un texte écrit en chinois.

□ Sélectionne les sites pertinents

À l'issue d'une recherche, tu disposeras sans doute d'une longue liste de sites supposés répondre à tes critères de recherche. Par exemple, avec «Gustave Flaubert», on trouve 37000 références dans Google. fr et 50000 dans Voilà. fr. Comment choisir?

– Prête attention à l'adresse et au descriptif du site, qui donnent déjà des indications sur le type d'informations contenues et leur intérêt. Par exemple, si tu souhaites connaître la biographie de Gustave Flaubert, ses principales œuvres, choisis un site où l'expression «poésie française» sera mentionnée et non un site renvoyant à un musée ou à un collège appelé Gustave Flaubert.

– Les sites commerciaux, qu'on reconnaît à leur terminaison «.com», sont parfois peu fiables : reste prudent!

– Les sites personnels sont généralement réalisés par des passionnés. Les informations qui y figurent peuvent être d'excellente qualité ou au contraire tout à fait douteuses. Fuis les sites qui comportent des fautes d'orthographe : ils trahissent l'amateur.

– En consultant des sites dont l'adresse se termine par .fr, .ch, .be ou .ca, tu seras sûr d'obtenir des informations en français.

– Privilégie les sites comme http.//encyclo.voila.fr, sur lesquels les informations sont validées.

□ Évalue l'information trouvée

Comment savoir si le contenu d'un document est *pertinent* par rapport à ton projet de recherche et *fiable*? Pour te faire une idée, posetoi les questions suivantes :

1. Quel est le nom de la page ou du site?
2. En quelle langue est-il écrit?

3. Quelle est la dernière date de mise à jour?
4. Quel type d'information ou de service me propose-t-il?
5. L'auteur du document est-il mentionné?
6. La fonction de cette personne est-elle indiquée?
7. Cette personne fait-elle partie d'une institution, d'une entreprise?
8. Son adresse de courrier électronique est-elle disponible?
9. Ce document correspond-il à mon niveau d'études?
10. L'information est-elle rédigée clairement?
11. L'information semble-t-elle exacte?
12. L'information contredit-elle celle que j'ai trouvée ailleurs?
13. Le contenu est-il rédigé en bon français (langue, orthographe)?
14. Les sources sont-elles citées?
15. Ce document correspond-il à mon projet, couvre-t-il l'ensemble de mon sujet?
16. La publicité est-elle importante sur le site?

Activités

□ Compare deux moteurs de recherche (à partir de la 6e)

Tape le mot clé *publicité* et compte le nombre de sites obtenus avec deux moteurs de recherche différents.

□ Choisis ton ou tes mots clés (à partir de la 6e)

Pour chacun des thèmes proposés, indique comment tu écriras le ou les mot(s) clé(s) retenu(s) : 1. les voyages spatiaux; 2. les films de science-fiction; 3. la pollution atmosphérique à Paris; 4. le musée Picasso; 5. le château de Versailles.

□ Trouve des sites (à partir de la 6e)

Tu prépares une biographie sur Jacques Prévert. Indique, parmi les sites trouvés dans le moteur de ton choix :

1. ceux que tu consulteras parce que tu penses qu'ils correspondent à ton attente;
2. ceux que tu élimineras d'emblée;
3. ceux que tu visiteras pour avoir un aperçu de leur contenu car ils sont susceptibles de te rendre service.

Pensez à demander au collégien de justifier ses réponses.

POUR ALLER PLUS LOIN

Les difficultés rencontrées dans la lecture recherche

Le livre documentaire comporte des textes et des illustrations. Il semble proche des bandes dessinées, ouvrages avec lesquels les juniors sont à l'aise. Il ne devrait donc pas poser de problème de lecture particulier. L'expérience montre qu'il n'en est pas ainsi.

Dans un texte documentaire, le lecteur se trouve en présence d'un texte découpé en paragraphes. Ce texte comporte un ensemble de titres et d'intertitres qui servent de jalons de lecture; il présente également des illustrations accompagnées de légendes.

Les caractéristiques des livres documentaires appellent des façons de lire adaptées à ce type de support. En réalité, que se passe-t-il? Une équipe de recherche de l'université de Saint-Étienne, en liaison avec l'Institut national de recherche pédagogique, a observé différents lecteurs confrontés à des ouvrages documentaires. Voici leurs constats, qui expliquent les difficultés rencontrées par les collégiens.

☐ Lecture uniforme

L'observation permettait à la fois de surveiller, avec une relative précision, tout ce que le regard du lecteur prenait en compte, la trajectoire de lecture adoptée; il permettait aussi d'évaluer le gain d'information et de compréhension que le lecteur avait obtenu à l'issue de la lecture.

Dans un premier temps, ce travail a été réalisé avec un groupe d'adultes non experts; les résultats obtenus ont permis de préciser sur quoi reposait la capacité des adultes testés à bien lire un document. Pour cette étude, cent adultes ont été retenus : ceux qui avaient enrichi significativement leur information et leur compréhension sur le sujet abordé dans le document lu.

Les lecteurs performants adoptent des itinéraires de lecture très variés : 88 parcours de lecteurs différents pour 100 adultes. Ils mettent en œuvre une lecture très personnalisée. Ils «pilotent leur pilote», lui impriment un trajet. De plus, ils font de fréquents allers-retours entre les textes et les illustrations.

Un travail identique a été avec des élèves de CM1 et de CM2. L'analyse du comportement des enfants est très révélatrice:

– 40 % des enfants suivent le fil du texte dans une lecture absolument continue ;

– 25 % ont une lecture où texte et illustrations sont traités dans l'ordre suggéré par la mise en page ;

– 35 % ont des trajets de lecture variés, discontinus, mais, contrairement aux adultes, ces façons de faire ne correspondent pas à un choix volontaire car, pour ces enfants, le bilan post-lecture ne montre aucun gain de savoir. On peut penser qu'il s'agit de tâtonnements qui ne débouchent sur rien.

La principale difficulté des enfants dans l'exploitation des livres documentaires s'explique en partie par une lecture uniforme, linéaire.

□ Non-exploitation des illustrations

De plus, en situation scolaire, les élèves font massivement confiance au texte. Nombre d'entre eux regardent les illustrations, mais ne pensent pas qu'elles contiennent de l'information. Pourquoi en est-il ainsi ? Il s'agit peut-être d'une difficulté dans la lecture des illustrations. En effet, certaines d'entre elles nécessitent la connaissance d'un code (cartes, graphiques, schémas...). Mais le même sort est réservé à toutes les autres illustrations (dessins, photos, tableaux...). Il existe une autre possibilité : les collégiens estiment peut-être qu'elles ne présentent pas d'intérêt. Les entretiens avec les élèves en témoignent. Pour eux, les illustrations ont une fonction décorative, elles sont là pour « faire joli ». Elles sont donc accessoires : inutile de les consulter. Ils les assimilent aux illustrations rencontrées dans les récits.

Ce constat est troublant dans la mesure où, dans les ouvrages documentaires récents, comme dans les manuels scolaires, l'image prend de plus en plus d'importance et apporte des informations complémentaires par rapport au texte. Les textes et les illustrations sont en interaction constante. En ignorant les illustrations, les enfants perdent une partie de l'information.

10

« Doit apprendre à dégager l'essentiel »

Vous trouverez aussi : « Des difficultés à résumer », « Il ne faut pas recopier », « Ne sait pas prendre des notes », « Aucun esprit de synthèse », « Les écrits sont impersonnels »...

QU'EST-CE QUE CELA VEUT DIRE ?

En présence de cette annotation, l'ado peut, à juste titre, demander : « L'essentiel, qu'est-ce que c'est ? Comment le reconnaît-on ? » Il aurait parfaitement raison. Les recommandations « Retenez l'essentiel » comme « Soyez attentif » n'indiquent pas ce qu'il faut faire pour les suivre. Elles font partie des conseils implicites prodigués de classe en classe. Elles ne sont d'aucun secours pour les élèves, car elles ne leur donnent pas les moyens de les appliquer. Pourtant, sélectionner l'essentiel est un savoir-faire souvent utile dans la scolarité ; jusqu'à une date très récente, il ne faisait pas vraiment l'objet d'un apprentissage explicite. Maintenant encore, beaucoup d'enseignants se comportent comme si, dès le départ, les élèves savaient le mettre en œuvre.

Quand j'étais petite, je demandais souvent à mes parents la signification du mot « essentiel » qui m'intriguait. Mes parents me répondaient : « L'essentiel, c'est ce qui est important. » Je repensais souvent à leur réponse et me répétais : « L'essentiel, c'est l'important », « L'essentiel, c'est l'important », mais le mot restait sibyllin.

Il existe de nombreuses situations où les enfants doivent cerner l'essentiel : établir le résumé d'un texte narratif, d'un texte documentaire, faire une fiche de lecture et, à partir de la 3e, prendre des notes.

Les objectifs de ce chapitre expliqués à l'enfant

Voici une proposition pour lui faire comprendre le but du travail proposé. N'hésitez pas à l'adapter, à la modifier selon ses réactions. Vous pouvez aussi partir d'une situation vécue récemment.

Dites-lui en substance : « Lorsque ton professeur te demande de résumer un texte, de dégager les idées essentielles des documents pour rédiger une production personnelle (dossier, panneau-affiche, etc.), il t'arrive sans doute d'hésiter : que garder, que supprimer? Rassure-toi, de nombreux élèves sont dans ton cas. Découvre comment reconnaître ce qui est important. Cela te servira aussi à prendre des notes. »

Comment l'aider à préparer le résumé d'un récit

Cette activité est très fréquente mais, les résultats le prouvent, beaucoup d'enfants éprouvent des difficultés à la mener à bien.

Entre la lecture et l'élaboration du résumé, il est important de ménager un temps pendant lequel l'enfant évoquera ce qu'il a lu. Lors de l'évocation, le lecteur s'approprie le texte. Si l'enfant est plutôt photographe ou réalisateur, il reverra le déroulement du récit comme s'il regardait un film ou il effectuera, pourvu que vous le lui suggériez, un ou plusieurs dessins retraçant l'histoire. S'il est plutôt parolier, il aimera sans doute reformuler ce qu'il a lu avec des mots, ses propres mots si possible. Il évitera ainsi de rester prisonnier des mots du texte.

Cette étape d'évocation franchie, l'expérience montre que la meilleure solution consiste à demander à l'enfant de répondre à une série de questions qui peut être utilisée, quel que soit le récit. Cette série comporte les questions de base – qui, où, quand ? – et les questions correspondant aux différentes étapes du schéma narratif : quelle est la situation au début du récit (situation initiale)? quel est l'événement qui va modifier la situation (élément modificateur)? etc. Ce questionnement est facilement mémorisé par les enfants à l'issue de quelques séances. Il présente un double avantage : il évite la mosaïque de phrases prises ici et là et rend le résumé plus vivant, plus dynamique.

Observation

Demandez-lui de lire le récit suivant puis de répondre à ces six questions :

1. Quel est le titre du récit?
2. Qui sont les personnages principaux?
3. Où se déroule l'histoire?
4. Combien de paragraphes l'histoire comporte-t-elle?
5. Dans quel paragraphe est décrite la situation de départ?
6. Dans quel paragraphe est décrite la situation finale?

Le lion et le petit chien

Il y avait une ménagerie que l'on pouvait visiter soit en prenant un billet, soit en remettant au contrôle, au lieu d'argent, des chiens et des chats qui servaient de nourriture aux animaux.

Un pauvre homme qui n'avait pas d'argent voulut, un jour, voir des bêtes féroces. Il attrapa un petit chien dans la rue et le porta à la ménagerie. On le laissa entrer. Quant au petit chien, on le lui prit et on le jeta dans la cage du lion pour qu'il en fît son repas.

Le petit chien mit sa queue entre ses pattes et se blottit dans un coin. Le lion alla vers lui et le flaira un instant. Le petit chien s'était mis sur le dos, les pattes en l'air, et agitait sa queue. Le lion le tâta de la patte et le remit d'aplomb. Le petit chien se redressa et fit le beau. Le lion le suivait des yeux, portant sa tête tantôt à droite, tantôt à gauche et ne le touchait pas.

Quand le gardien de la ménagerie lui eut lancé sa ration de viande, le lion en déchira un morceau qu'il laissa pour le petit chien. Vers le soir, quand le lion se coucha pour dormir, le petit chien se coucha près de lui et mit sa tête sur sa patte.

Depuis lors, le petit chien ne quitta pas la cage du lion. Le lion le laissait tranquille et, quelquefois, jouait avec lui.

Tolstoï, *Histoires vraies*, Gallimard.

Vous trouverez la fin de ce récit dans une des activités.

Repères

Résumer un récit nécessite de garder les idées importantes pour comprendre l'histoire et d'éliminer les détails. Comment procéder?

– Lis le titre : il apporte des indications importantes. Grâce à lui, tu peux te faire une première idée de l'histoire.

– Lis le texte en entier avec le projet de pouvoir le raconter.

– Revois l'histoire dans ta tête comme si tu regardais un film ou redis-la.

– Complète à voix haute ou à voix basse la phrase : « C'est l'histoire de... »

– Cherche ensuite, paragraphe par paragraphe, les réponses aux questions suivantes :

• Qui est le personnage principal (le héros) ou les personnages principaux? Il peut s'agir d'animaux.

• Où et quand se passe l'histoire?

• Quelle est la situation au début de l'histoire?

Il est possible que la réponse à l'une de ces questions ne soit pas mentionnée. Dans ce cas, c'est que la question n'est pas importante. C'est le cas pour le « quand » dans le récit « Le lion et le petit chien ».

• Quel est l'événement qui modifie la situation?

Vous trouvez ces informations dans le premier et, parfois, dans le deuxième paragraphe.

• Que se passe-t-il : quels sont les épisodes marquants de l'histoire (ses principales étapes)?

• Quelle est la situation à la fin de l'histoire?

En répondant brièvement à ces questions, tu auras la trame de l'histoire, base de ton résumé. Il te suffira d'écrire tes réponses sans oublier de marquer les étapes par des indices temporels : *un jour*, *ce matin-là*, *alors que*, *soudain*, *puis*, *peu de temps*, *au même instant*, *finalement*... Par exemple, dans « Le lion et le petit chien », les mots de liaison sont : *un jour* dans le deuxième paragraphe, *quand* dans le quatrième paragraphe, etc.

Tu peux aussi souligner les mots qui apportent les réponses aux questions : ce sont les mots clés. Tu bâtiras ton résumé à l'aide de ces mots. Par exemple, dans « Le lion et le petit chien », *ménagerie*, *petit chien*, *lion* sont des mots clés.

Un conseil

Chaque paragraphe raconte un épisode. La fin ou le dénouement se situe dans le dernier paragraphe.

Activités

☐ **Effectue un résumé guidé (6e, 5e)**

Dites à l'enfant que le texte suivant est la suite du récit de l'observation. Demandez-lui de lire les deux parties du récit et de les revoir dans sa tête ou de les raconter à voix haute ou à voix basse. Il devra ensuite indiquer en précisant dans quel paragraphe il a trouvé la réponse (1er, 2e...) :

– les personnages principaux;
– le lieu;
– la situation au début de l'histoire;
– l'événement qui modifie la situation;
– l'épisode 1, l'épisode 2, l'épisode 3, l'épisode 4; par exemple, l'épisode 2 est celui où l'on apprend que le lion n'attaque pas le petit chien; il se trouve au paragraphe 3.
– de résumer le récit à l'aide des réponses vérifiées.

Le lion et le petit chien (suite et fin)

Un jour, un monsieur qui était venu à la ménagerie déclara qu'il connaissait le petit chien, qu'il était à lui et demanda qu'on le lui rendît. Le directeur de la ménagerie y consentit; mais, dès qu'on se mit à appeler le petit chien pour le tirer hors de la cage, le lion se hérissa et rugit.

Le lion et le petit chien vécurent une année entière dans la même cage. Un jour, le petit chien tomba malade et mourut. Le lion refusa alors de manger; il ne cessait de flairer le petit chien que pour le caresser, et il le touchait de sa patte.

Quand il eut compris que son compagnon était mort, il bondit, hérissa son poil, se frappa les flancs de sa queue, se jeta sur les barreaux et se mit à ronger les verrous de sa cage et à mordre le plancher. Sa fureur dura toute la journée. Il se précipitait de tous les côtés en rugissant. Vers le soir seulement, apaisé, il se coucha à côté du petit chien mort. Le gardien voulut enlever le cadavre mais le lion ne laissait approcher personne.

Le directeur pensa calmer le chagrin du lion en mettant dans la cage un autre petit chien vivant. Sur l'heure, le lion le mit en pièces. Puis il prit le

petit chien mort entre ses pattes et, cinq jours durant, il resta couché en le tenant ainsi embrassé.
Le sixième jour, le lion mourut.

☐ Réponds brièvement aux questions (6e, 5e)

Demandez-lui de lire le texte suivant, puis de répondre aux questions en étant très bref. Notez ses réponses, elles vont être utiles dans l'activité suivante.

La fugue de Loïc

C'est le soir. Les parents de Loïc, dix ans, sont sortis. La jeune fille qui doit le garder, Paméla, n'est pas encore arrivée…

Loïc était seul. La télé le regardait avec son gros œil gris, triste, pauvre téloche qui n'avait rien d'autre à proposer que ses dessins animés, ceux que Loïc avait vus mille fois. Loïc, sans qu'il s'y attende, sentit sa gorge se nouer et ses yeux s'emplirent de larmes. […]
La rage au cœur, Loïc ouvrit le tiroir dans lequel sa mère rangeait l'argent des courses, empocha quelques billets, saisit son anorak, l'enfila, et, sans plus réfléchir, quitta l'appartement en claquant la porte. […] Il marcha à toute vitesse vers le parc. […]
Il s'assit sur un banc, afin de réfléchir à ce qu'il allait faire. Prendre le train et partir très loin ? Non, c'était des histoires de gosse, tout ça. D'ailleurs, la police surveille les gares, c'est bien connu ! La ville était bien assez grande. Il pourrait s'y cacher très longtemps avant qu'on ne le retrouve. Si on le retrouvait…
Loïc rencontra des animaux : un chien, un rat et un pigeon. Il leur raconta toute son histoire, sans rien oublier. Il s'arrêta enfin de parler, tout essoufflé. Le chien frémit alors, le chat hérissa son poil. Le rat retroussa ses babines et grogna d'un air menaçant. Quant au pigeon, il allait et venait et donnait de grands coups de bec dans le vide, comme s'il affrontait un ennemi imaginaire.
Soudain, le chien montra ses crocs et bondit sur Loïc, qui tomba à la renverse. Loïc, effrayé, se redressa d'un bond et s'enfuit. Mais les animaux le poursuivaient. Peu à peu, Loïc se rendit compte que les animaux le rabattaient – oui ! le rabattaient ! – vers la sortie nord du parc, celle qui faisait face à la résidence où il habitait !
Hors d'haleine, il pianota le code qui permettait de pénétrer dans son immeuble. Quand il sonna à la porte de chez lui, Paméla, en larmes, le serra très fort dans ses bras. Loïc n'avait plus froid.
– Paméla, on promet de ne rien dire ? demanda-t-il d'une toute petite voix.
– On p'omet ! répondit Paméla dans un sanglot.

T. Jonquet, *Pourquoi demander la lune ?*, Nathan, « Marque page ».

Questions

1. Quand (à quel moment de la journée) se passe l'histoire?
2. Où se passe l'histoire?
3. Qui est le héros de cette histoire?
4. Quelle est la situation au début de l'histoire?
5. Que ressent d'abord Loïc?
6. Que ressent ensuite Loïc?
7. Que décide-t-il de faire?
8. Pourquoi Loïc a-t-il l'intention de rester dans la ville?
9. À qui Loïc raconte-t-il ce qui lui est arrivé?
10. Quelle attitude ont ses interlocuteurs quand Loïc a fini de parler?
11. Que ressent Loïc à ce moment-là?
12. Que fait alors Loïc?
13. Que font les animaux?
14. Quelle est la situation à la fin de l'histoire?

□ Écris le résumé à l'aide des réponses aux questions (6e, 5e)

Après avoir, avec votre enfant, vérifié les réponses à l'activité précédente, demandez-lui de les rédiger, c'est-à-dire de faire des phrases. Dites-lui de penser à utiliser les mots de liaison si nécessaire et de remplacer les mots déjà utilisés par des pronoms (par exemple *il* pour *Loïc*). Il aura établi le résumé du texte.

□ Établis le résumé (dès la 6e)

Demandez-lui de lire le texte suivant, puis de répondre aux questions à l'aide du texte. Après avoir vérifié ses réponses, dites-lui de les rédiger. Conseillez-lui d'ajouter des mots de liaison, de remplacer les noms déjà utilisés par des pronoms (par exemple *il* pour *Pierre Lamy*). Il aura établi le résumé du récit.

Un taxi pour les étoiles

Un soir, le chauffeur de taxi Pierre Lamy, de Paris, terminait son service et ramenait son véhicule au garage, vers la porte d'Orléans, en roulant lentement. Il était de mauvaise humeur, car il avait fait peu de courses et pris en charge plusieurs clients grincheux, dont une dame qui l'avait fait attendre quarante-huit minutes devant un magasin. Et, pour comble, un agent lui avait dressé une contravention. C'est pourquoi, sur le chemin du retour, il guettait les passants, en quête d'un client éventuel. Effectivement, un monsieur lui fit signe :

« Taxi, taxi !

– Montez, monsieur (il avait vite freiné, notre ami Pierre Lamy), mais je vous préviens, je finis mon service, je vais vers la porte d'Orléans, ça vous va ?

– Faites vite et allez où vous voulez !
– Mais non, il ne manquerait plus que ça ! On va où vous voulez, vous ! Pourvu que ça ne me fasse pas un trop grand détour.
– Allez ! Démarrez et roulez toujours tout droit.
– D'accord, monsieur. »
Pierre Lamy écrasa l'accélérateur et le taxi fila. Tout en roulant, cependant, il surveillait son passager dans le rétroviseur. Drôle de type : « Allez où vous voulez, roulez toujours tout droit »... Il distinguait mal son visage, à demi dissimulé par le col de son manteau et le bord de son chapeau.
« Hé là, mais... Mais qu'est-ce que c'est que ça ? Qu'est-ce qu'il se passe ? Hé là, mais qu'est-ce que vous fabriquez... ?
– Ne vous tracassez pas, répondit le passager d'un ton tranchant. Roulez toujours tout droit.
– Quoi ? Quoi, tout droit ? On ne va plus ni en avant ni en arrière ! Vous ne voyez pas qu'on vole ! Au secours ! »

G. Rodari, *Histoires à la courte paille*, Hachette.

Questions
1. Quand l'histoire se passe-t-elle ?
2. Qui est M. Lamy ?
3. Pourquoi veut-il se diriger vers la porte d'Orléans ?
4. Que cherche-t-il ?
5. Pourquoi est-il de mauvaise humeur ?
6. Quel est l'événement qui modifie la situation ?
7. Que dit le client de M. Lamy ?
8. M. Lamy voit-il bien son client ? Pourquoi ?
9. Que pense M. Lamy de son client ? Pourquoi ?
10. Que se passe-t-il à la fin du passage ?

□ Choisis le bon résumé (dès la 6e)

Dites à l'enfant de lire le paragraphe qui suit puis de choisir, parmi les trois résumés A, B, C, celui qui est le plus exact. Demandez-lui d'indiquer ce qui manque ou ce qui est inexact dans les autres résumés.

Penché sur son pupitre, le crayon à la main, Lennie attendait que l'on distribue les questionnaires de sciences naturelles. Il avait toujours un trac monstre, avant une interrogation écrite.

Betty Byars, *Comme à la télé*,
Castor poche/Flammarion.

Résumés
A. Lennie était en classe. Il allait faire un devoir de sciences naturelles et se sentait, comme d'habitude, mort de peur.

B. Lennie attendait avec crainte les questionnaires de sciences naturelles. Il détestait cette discipline.

C. Lennie attendait, penché sur son pupitre, le crayon à la main, l'interrogation. Il avait un trac monstre et se sentait incapable d'écrire.

Pour aller plus loin

□ Le schéma narratif

L'enfant entendra souvent parler de schéma narratif. Le principe est simple : un récit comporte un début, un événement qui change la situation, différentes étapes (ou péripéties) et un dénouement (situation finale). Toutefois, le vocabulaire utilisé est souvent source de difficultés. Vous pouvez, si vous en avez le temps, voir ou revoir avec l'enfant ce schéma. Il est intéressant de lire et d'examiner préalablement quelques courtes histoires, par exemple des contes. L'enfant prendra conscience que les récits présentent toujours plusieurs parties que vous récapitulerez par écrit. Voici un exemple.

1. La situation initiale. C'est le point de départ qui indique la situation dans laquelle se trouvent les personnages au début de l'histoire. Cette étape présente le lieu, l'époque et certains personnages, en particulier le personnage principal, le héros.
2. L'élément modificateur (ou perturbateur). C'est le fait qui transforme la situation initiale et va entraîner l'action.
3. L'action. C'est l'ensemble des péripéties (des aventures, des événements...) engendrées par l'élément perturbateur. L'action comporte plusieurs épisodes.
4. La résolution. C'est le point culminant du récit, le moment où se produit l'événement qui va conduire au dénouement, à la situation finale.
5. La situation finale. C'est le nouvel état dans lequel se trouvent les personnages à la fin de l'histoire.

□ Les mots de liaison dans un texte narratif

Vous pouvez également sensibiliser votre enfant au maniement des mots de liaison ou expressions qui marquent les différentes étapes du récit. Demandez-lui de vous indiquer, dans l'histoire de son choix, le(s) mot(s) ou expression(s) utilisé(s) pour commencer le récit, pour indiquer qu'un fait nouveau va avoir lieu, etc.

Les principaux indices temporels

– qui introduisent la narration : *il était une fois, cette histoire s'est passée, autrefois, cette année-là, ce jour-là...*
– qui marquent l'apparition d'un fait nouveau : *soudain, brusquement, tout à coup, un jour, une nuit...*
– qui marquent les étapes : *d'abord, ensuite, puis, alors, enfin...*
– qui situent un événement par rapport à un autre : *aujourd'hui, ce jour-là, la veille, hier, le lendemain, l'année précédente, l'année suivante, quelque temps plus tard...*

Comment l'aider à préparer le résumé d'un texte informatif ou explicatif

Il est parfois demandé au collégien de résumer un texte informatif ou explicatif. Pour mener à bien ce travail, il est indispensable que l'enfant sache distinguer les éléments importants : cela nécessite des démarches particulières qui ne s'improvisent pas. Le résumé de ce type de texte est une activité difficile qui met en jeu de nombreux savoir-faire. Il nécessite un apprentissage progressif qui devrait être effectué du CM1 à la terminale.

Observation

Dites à l'enfant de regarder cet extrait de texte documentaire et de répondre aux questions en indiquant, pour les questions 4, 5 et 6, où il a trouvé l'information :

1. Quel est le titre du texte?
2. Que sais-tu grâce au titre?
3. Quel est le rôle de l'introduction (premier paragraphe)?
4. De quoi est-il question dans le deuxième paragraphe?
5. De quoi est-il question dans le troisième paragraphe?
6. De quoi est-il question dans le quatrième paragraphe?
7. Certains mots du deuxième paragraphe sont soulignés. Que se passerait-il s'ils étaient supprimés?

La mine à l'heure de gloire du charbon

Au cours du XIXᵉ siècle, l'usage du charbon comme combustible ne cesse d'augmenter : les machines à vapeur, la métallurgie puis le chemin de fer en dévorent d'énormes quantités. Il faut produire de plus en plus... et il faut de plus en plus d'hommes pour descendre à la mine.

La ruée vers les mines

L'exploitation des gisements de charbon se développe. Des milliers de paysans quittent les champs pour la mine et affluent vers les régions qu'on surnomme les pays noirs. Le travail qui les attend est très rude. Pour un salaire dérisoire, les mineurs passent de 12 à 15 heures par jour à plus de 200 mètres sous terre dans une chaleur et une humidité étouffantes.

Des enfants dans les mines

Vers 1850, on emploie encore beaucoup d'enfants de 8 ans, et parfois plus jeunes encore, dans les mines. Véritables petits esclaves, ils tirent de lourdes bennes de charbon à travers les galeries les plus étroites. En 1874 est votée une loi interdisant le travail des enfants de moins de 12 ans.

Accidents et maladies

La mine expose les hommes à toutes sortes de dangers. Inondations et éboulements y sont fréquents. Et puis il y a le redoutable grisou : ce gaz produit par le charbon explose à la moindre flamme. Il suffit qu'une lampe tombe et c'est l'accident. Les mineurs sont aussi victimes de nombreuses maladies.

Méga France, Nathan, «L'Encyclopédie vivante Nathan».

Repères

Comment cerner l'essentiel d'un texte informatif et rédiger un résumé? En général, l'auteur et l'éditeur ont réalisé la mise en page de manière à ce que tu te trouves devant un véritable parcours fléché. Suis ce parcours...

☐ Première étape : lis, mais pas n'importe comment

– Survole le texte comme si tu survolais une région en avion. Explore, si le texte en comporte, les intertitres, les mots mis en évidence par des caractères d'imprimerie spéciaux; observe le découpage en paragraphes.

– Lis d'abord le titre : il précise le sujet du texte.

– Lis le premier paragraphe : il constitue une introduction qui annonce le contenu du texte.

– Lis les intertitres : ils permettent de savoir ce dont il va être question dans le passage qui suit.

– Lis le texte en entier avec le projet de retrouver les informations.

– Cache le texte : revois-le ou redis-le dans ta tête. De cette manière, tu t'assures que tu as bien compris le texte et tu le fais tien.

– Reviens au texte pour vérifier si tu n'as pas oublié de points importants : complète, corrige si besoin est.

☐ Deuxième étape : trie

Que faut-il garder?

– Le titre : sans lui, tu ne saurais plus de quoi il est question.

– Les intertitres : non seulement ils annoncent le contenu des différentes parties, mais parfois le résument : ton travail est déjà en partie accompli!

– Les mots clés. Qu'est-ce qu'un mot clé? C'est un mot indispensable pour comprendre le texte. Ainsi, si tu enlevais les mots soulignés dans le deuxième paragraphe, ce paragraphe n'aurait plus aucun sens. Imagine que tu partes sur une île déserte et que tu ne puisses emporter qu'un nombre limité d'objets, des objets clés. Dans un texte, ces objets seraient les mots clés. Tu peux, dans certains cas, reconnaître ces mots à leur «habillement» : les mots écrits dans des caractères différents de ceux du texte (majuscules, caractères gras...) sont toujours des mots importants puisque l'auteur les a mis en valeur. Dans les manuels scolaires, les mots clés sont presque toujours signalés par leurs caractères.

☐ Troisième étape : établis le résumé

À l'aide des éléments dégagés lors du tri, écris une phrase, parfois deux, exprimant l'idée de chaque paragraphe. Ces phrases constitueront la base de ton résumé. Tu peux t'aider des mots clés : ils contiennent l'essentiel du texte. N'oublie pas d'utiliser des mots de liaison (*par suite*, *donc*, *enfin*...) pour faire apparaître les relations entre les idées. Ton résumé est prêt...

Deux bons conseils

Le résumé est plus court que le texte d'origine.
Le résumé est fidèle : tu diminues le nombre de mots, mais tu gardes le sens.

Activités

□ Familiarise-toi avec les mots clés

Ces activités sensibilisent le collégien aux mots clés, mots qui expriment l'essentiel du message. Dans un texte écrit comme dans un discours oral, tous les mots ne se valent pas. Il existe, d'une part, des mots «pleins», porteurs de signification (noms, adjectifs, verbes, adverbes...) et, d'autre part, des mots qui sont nécessaires pour respecter la syntaxe. Les mots clés font essentiellement partie de la première catégorie. Apprendre à les découvrir est une préparation à la prise de notes.

Exemple 1 (6e, 5e). Un moyen efficace pour faire prendre conscience de ce qu'est un mot clé consiste à partir de la rédaction d'une petite annonce. Les enfants arrivent ainsi très vite à ne garder qu'un message minimal explicite d'où les mots non indispensables sont éliminés.

Montrez une petite annonce à votre enfant. Dites-lui qu'une petite annonce est facturée au nombre de mots et, de ce fait, doit être brève. Elle ne retient que les mots indispensables à la compréhension et elle utilise des abréviations. Demandez-lui de traduire en clair cette petite annonce comme s'il la présentait à quelqu'un. Si les abréviations le rendent perplexe, donnez-lui leur signification.

Vds chiots caniche nain, papa abricot, maman champagne, tatoués + vaccinés. Px raisonnable. Tel : 09 48 45 34 23 ap. 19 h.
vds = vends – px = prix – tel = téléphone – ap. = après.

Exemple 2 (6e, 5e). Demandez maintenant à l'enfant de préparer deux petites annonces à partir des messages suivants :

A. Je donne un chaton femelle. Il a deux mois et attend un foyer fidèle.
B. Je cherche à donner d'adorables chiots. Ils ont trois mois, ils sont propres et vaccinés. Il y a deux femelles et un mâle. Le prix est de 46 euros. Vous pouvez me téléphoner au 09 54 23 87 90 après 18 heures.

□ Sélectionne les mots clés

Ces activités sont aussi consacrées aux mots clés, mais une autre approche est utilisée. L'enfant doit répondre à des questions en utilisant un nombre limité de mots. Il arrive ainsi à dégager les mots clés indispensables pour que les réponses soient compréhensibles.

Exemple 1 (6e, 5e). Les animaux de grande taille sont menacés pour trois raisons. Lesquelles? Demandez-lui de les trouver et de répondre en utilisant huit mots au maximum.

Menaces contre les grands animaux

Il y a trois raisons pour que la disparition menace surtout les animaux de grande taille : ce sont des gibiers « rentables » (beaucoup de viande d'un seul coup), ils sont relativement faciles à atteindre et enfin, en règle générale, leur reproduction est très lente. Les éléphants en Afrique, les baleines dans toutes les mers ne doivent leur survie qu'à de sévères mesures de protection.

Méga senior, Nathan, « L'Encyclopédie vivante Nathan ».

Exemple 2 (de la 6e à la 3e). Demandez-lui de lire le texte, puis de répondre aux questions en utilisant le nombre de mots indiqués.

La forêt

La répartition des forêts
En dehors des zones arides (déserts) et des zones polaires, la forêt est présente partout. L'ex-URSS, le Brésil, le Canada, les États-Unis, le Zaïre, sont parmi les pays ayant les plus grandes surfaces forestières du monde. Les espèces, résineux et feuillus, se répartissent selon le sol, le climat, l'altitude. On a dénombré près de 30 000 espèces d'arbres différentes dans le monde.

L'Amazonie en danger
La forêt amazonienne est la plus grande du monde (10 fois la France). Son aménagement (création de réseaux routiers, de barrages) pour exploiter et cultiver ses ressources forestières et minières, conduit à des défrichements intensifs et risque d'être une catastrophe écologique.

Méga monde, Nathan, « L'Encyclopédie vivante Nathan ».

Questions
1. Comment se répartissent les forêts de résineux et de feuillus? Réponds par quatre mots.
2. Pourquoi l'aménagement de la forêt amazonienne risque-t-il de devenir une catastrophe écologique? Réponds par deux mots.

☐ Sois bref afin de réaliser...

Le repérage des mots clés aboutit, dans ces activités, à l'élaboration d'un document, ce qui est motivant pour le collégien. Ce dernier doit non seulement sélectionner les informations, choisir celles qui sont les plus significatives, mais les écrire en quelques mots. Il s'agit déjà en réalité d'une prise de notes amenant l'enfant à dégager l'essentiel d'un message et à le transcrire de manière synthétique.

Exemple 1 (6e, 5e). Demandez-lui s'il aimerait réaliser un fichier sur les animaux. Si l'activité lui plaît, dites-lui de relever brièvement les informations permettant de connaître les animaux de son choix. La fiche pourra comporter les rubriques suivantes : la famille de l'animal, sa situation géographique, sa taille, son poids, sa couleur, ses signes distinctifs (fourrure, queue, plumage, force, rapidité...), son mode de vie, son habitat, son caractère, son alimentation, sa technique de chasse, sa reproduction, sa longévité, ses ennemis (d'autres animaux ou... l'homme). Une photographie de l'animal, en haut à droite, sera la bienvenue.

Exemple 2 (dès la 6e). Si l'adolescent est passionné de cinéma, proposez-lui de constituer un fichier pour présenter les films qui lui ont plu. Là encore, il s'agit d'être bref. Outre le titre du film, ses fiches pourront comporter les rubriques suivantes : le nom du réalisateur, ceux des acteurs principaux (pas plus de trois), son genre (film d'aventures, de science-fiction, comédie...), l'époque, le(s) lieu(x), le sujet (personnages + courte présentation de l'histoire, comme on en trouve dans certains magazines, en particulier les magazines de télévision), les particularités (dialogues, rythme, interprétation, effets spéciaux, humour, émotions ressenties...).

Comment l'aider à prendre des notes à partir d'un document

Lorsqu'un enfant prépare un exposé, un dossier à partir de documents, un écueil apparaît souvent : le recopiage. Pour éviter cette difficulté, il est important de le préparer à la prise de notes.

Observation

Montrez à l'enfant ou remontrez-lui quelques petites annonces et demandez-lui ce qui différencie ces textes des textes habituels.

Il constatera que les petites annonces non seulement ne gardent que les mots clés mais que, de plus, les mots y sont abrégés et différents signes utilisés.

Repères

Lorsque tu cherches des informations dans des documents pour préparer un dossier, un exposé..., la meilleure tactique ne consiste pas à recopier tout ce que tu trouves, mais à prendre en notes ce qui concerne ton sujet. Comment procéder?

1. Avant de lire les documents. Commence par poser les questions dont tu voudrais trouver la réponse dans les documents. Ces questions t'aideront à trier les informations. Écris chaque question sur une feuille séparée.

2. Après la lecture de chaque document, revois le contenu du texte dans ta tête ou redis-le.

3. Note les informations à retenir sur la feuille correspondante en utilisant la technique «TAS».

T : écris en style télégraphique. Pour cela, trie les mots :

– garde les mots indispensables pour comprendre le message : les mots clés;

– supprime les mots «vides», ceux qui n'apportent aucune information. Ces mots sont souvent des articles ou des pronoms.

A : utilise des abréviations pour les mots courants, ceux qui se rencontrent le plus souvent dans la langue, ou pour les mots qui constituent le thème du texte (*cf.* pour «château-fort», par exemple).

Voici quelques exemples. Étoffe cette liste avec tes propres abréviations.

avant : avt	dans : ds	nombreux : nbrx
après : ap	grand : gd	par exemple : par ex.
beaucoup : bcp	homme : h	pendant : pdt
c'est-à-dire : cad	mais : ms	problème : pb
comme : c	même : m	toujours : tjs

S : utilise des signes pour les mots de liaison, signes mathématiques ou autres. Le tableau suivant te propose quelques suggestions. Là encore, étoffe la liste.

plus	$+$
multiplie	$\times$
égal	$=$
différent	$\neq$
à peu près	$\approx$
jusqu'à	$\rightarrow$
conséquence (donc, par suite...)	$\Rightarrow$
cause (car, parce que...)	$\leftarrow$
conclusion (en résumé, finalement...)	$\equiv\!>$
augmentation	$\uparrow$
diminution	$\downarrow$

4. La reprise des notes. Après avoir pris en notes les informations relevées dans plusieurs documents, pense à les rendre plus claires. Transforme les questions mentionnées en haut de chaque feuille en titres. Fais en sorte que ce titre soit plein, c'est-à-dire qu'il te permette de retrouver le contenu lorsque tu n'auras plus le document sous la main. Les titres peuvent se présenter sous forme de courtes phrases. Exemple : « Le rôle de l'hélicoptère » est un titre vide, « L'hélicoptère : un appareil aux multiples usages », ou, comme l'a écrit un élève « Le Robot-Marie dans l'air », est un titre plein. Rappelle-toi : un bon titre ou intertitre annonce et résume le contenu de ce qui suit.

Règle d'or

Les notes doivent permettre de retrouver le message de départ. Sois bref mais reste compréhensible.
Attention : n'utilise jamais d'abréviations ni de signes dans une rédaction ou une interrogation écrite !

Activités

Les mots clés et les mots de liaison ont déjà fait l'objet d'un travail à propos du résumé d'un texte informatif ou explicatif. Nous ne les reprenons pas ici, mais ils font partie intégrante de la préparation à la prise de notes.

□ Choisis un titre (de la 6e à la 3e)

Le titre d'un texte a disparu, les titres des différentes parties, c'est-à-dire les intertitres, sont déplacés et mélangés. Demandez-lui de :

1. retrouver les intertitres (A à E) qui conviennent pour chaque partie (1 à 5);
2. trouver un titre qui donne une idée du contenu du texte.

Intertitres
a. L'usure
b La pollution
c. Le manque de place
d. La misère
e. Des tonnes d'ordures

Parties
1. D'immenses bidonvilles s'étendent près de la ville de Rio de Janeiro, au Brésil. Des millions de personnes vivent dans des logements misérables. À New York, Londres ou Paris, des dizaines de milliers de personnes occupent des logements sans aucun confort. Des milliers d'autres dorment dans la rue, le métro, les gares…
2. Au Caire, la capitale de l'Égypte, des chiffonniers fouillent les décharges où des tonnes d'ordures sont déversées. Parmi eux, des milliers d'enfants pauvres récupèrent les déchets pour les vendre.
3. Los Angeles grandit sans cesse. Elle est si vaste que des autoroutes relient ses quartiers. Tokyo grignote du terrain sur la mer. On prévoit d'y construire une île où se dressera un gratte-ciel de 2000 mètres de haut. Une véritable ville.
4. À Mexico, les automobiles et les industries empoisonnent l'air. La pollution dépasse parfois ce que les habitants peuvent supporter. Chaque année, elle tue 10000 personnes.
5. Pendant des dizaines d'années, New York a été mal entretenu par manque d'argent (pourtant, on dit que c'est une ville riche…). Les rues sont défoncées. Des canalisations d'eau éclatent tout d'un coup.

E. de Henning, *Les Grandes Villes*,
Nathan, « Encyclopédie buissonnière ».

□ Transforme un titre vide en titre plein (de la 6e à la 3e)

Un titre plein, porteur d'information (et non une simple étiquette), est précieux pour retrouver le contenu d'un texte en son absence. Dites à l'enfant : « Voici un texte sur la forêt équatoriale. Lis-le puis transforme les intertitres vides en intertitres pleins. De cette manière, tu pourras mieux retrouver le contenu du texte quand tu ne l'auras plus. » Le titre, lui, est plein.

La forêt équatoriale

1. La situation

Les forêts équatoriales couvrent 1 200 millions d'hectares (7% des terres). Elles se trouvent dans les régions proches de l'équateur mais s'étendent jusqu'aux tropiques. Elles se situent dans des zones où il pleut en abondance et où les températures sont constamment élevées.

2. La faune

Les forêts équatoriales ont pour hôtes le jaguar en Amérique du Sud ainsi que le léopard en Afrique et en Asie tropicale. Dans cette dernière région vit le tigre. Les forêts équatoriales sont le royaume des singes : le singe-lion, le chimpanzé, l'orang-outang et même, dans certaines régions, le gorille. De nombreux oiseaux se caractérisent par les couleurs vives de leur plumage et de leur bec.

3. La végétation

La végétation est d'une extraordinaire densité : plus de 23 000 espèces en Amazonie. Sur un kilomètre carré il n'est pas rare de trouver 3 000 à 4 000 variétés de plantes. On y trouve des hévéas (arbres à caoutchouc), des bois précieux comme le palissandre, le teck ou l'acajou. La végétation s'organise en trois strates ou étages, depuis le sol où poussent des plantes peu colorées car il y fait très sombre jusqu'au sommet des grands arbres qui peuvent dépasser 60 mètres. Les arbres, qui comportent plus de 3 000 à 4 000 espèces, ont des troncs généralement minces et dépourvus de branches jusqu'à une vingtaine de mètres. C'est à la cime des arbres que les feuilles sont abondantes. Plus bas, les fleurs sont moins nombreuses car l'intensité de la lumière diminue.

4. Les menaces

Les forêts équatoriales jouent un rôle essentiel dans l'équilibre oxygène-gaz carbonique et purifient l'atmosphère. Pourtant, chaque année, plus de 18 millions d'hectares disparaissent. Pour créer des zones d'élevage et de culture, l'homme incendie la forêt qui, peu à peu, recule. Le gaz carbonique libéré dans l'atmosphère lors des incendies a un effet de serre et bouleverse le climat de la planète. La déforestation entraîne la disparition de nombreuses espèces d'animaux ou de végétaux. Le sol mis à nu par la destruction des forêts est dévasté par des pluies torrentielles. Les arbres au bois précieux sont coupés et exportés. Par ailleurs, l'exploitation des ressources minières conduit à des défrichements intensifs. La destruction des forêts met aussi les nations indigènes en danger car elle contribue à la propagation des épidémies.

Pour aller plus loin : la lecture approfondie d'un texte explicatif

La lecture approfondie permet de *comprendre*, au sens étymologique du terme, « prendre ensemble », dégager les liens qui unissent les différentes idées, pour « prendre avec soi », assimiler. Un texte bien compris est déjà à moitié retenu. Les démarches indiquées dans « Repères » (p. 184 et p. 196) sont à la base du résumé, de la prise de notes.

□ Survoler

Prendre une vue d'ensemble du texte ou du chapitre abordé apparaît une étape indispensable, en particulier pour les enfants photographes ou réalisateurs. Une comparaison peut aider à en saisir l'intérêt. Demandez-lui d'imaginer une expédition chargée de retrouver des amis égarés dans un pays inconnu. Si tous les membres du groupe s'engagent dans la même direction, que risque-t-il de se passer? Si la direction empruntée n'est pas la bonne, toute l'équipe peut se retrouver dans un marécage ou dans des ronces inextricables. Si, en revanche, quelques membres du groupe sont envoyés en reconnaissance dans plusieurs directions, l'expédition bénéficie des indications nécessaires pour repérer le chemin en évitant les obstacles.

Il en est de même dans l'étude d'un texte. Commencer d'emblée la lecture au premier mot, c'est s'aventurer dans un territoire inconnu sans avoir balisé la piste : cela comporte des dangers. Pour atteindre les objectifs, les amis égarés, il est plus judicieux de repérer d'abord le chemin, en prenant connaissance des titres, des intertitres, de la numérotation, des mots dégagés par la typographie...

Cette perception globale, comparable à celle que l'on a d'un avion, mobilise essentiellement l'hémisphère droit. Elle est très rassurante dans la mesure où elle donne la sensation, tout à fait justifiée, de dominer la situation.

Pourquoi survoler?
- pour repérer le chemin
- pour se faire une idée du contenu
- pour « apprivoiser » le texte

□ Questionner

Les documents ne répondent que si le lecteur les interroge. Le questionnement est une étape essentielle lorsque l'élève doit, à partir de ses lectures, élaborer une production personnelle sur un sujet. En effet, dans cette optique, il est amené, non seulement à dégager les idées importantes en elles-mêmes (ce qui est le cas dans un résumé), mais celles qui sont importantes par rapport au but de son travail. Sélectionner l'essentiel par rapport à un projet nécessite que l'élève ait clairement défini ce qu'il attendait des documents.

Nous vivons dans ce qu'Alain Toffler appelle l'« infosphère », caractérisée par l'explosion d'informations de toutes natures[1]. Dans ce contexte de surinformation, le problème est le tri. Or ce tri ne peut s'effectuer que si le lecteur a énoncé ses attentes : « Qu'est-ce que je veux savoir? » Alerté par ses questions, il entre dans le texte, concentré, motivé et l'esprit en éveil. Il cherche des réponses et cela l'aide à sélectionner toute l'information pertinente et rien qu'elle. Le questionnement contribue à passer de l'attitude passive du « copieur » à l'attitude active du « chercheur ». Il est la boussole qui permet de filtrer l'information, de retenir uniquement ce qui présente une certaine importance pour le projet, le recopiage n'est plus systématique.

Concrètement, on peut conseiller aux enfants de préparer une fiche ou une feuille par question. Ils y relèveront les éléments de réponse sous forme de mots ou de phrases clés. Ils disposeront ainsi d'une ébauche de plan.

Pourquoi questionner?
- pour susciter l'intérêt
- pour engager une lecture active

□ Lire

L'enfant doit prendre conscience que la stratégie la plus efficace, dans un premier temps, consiste à poursuivre la lecture jusqu'au bout, sans s'arrêter sur les mots ou les points obscurs. Ceux-ci gênent rarement la compréhension de ce qui suit. L'abandon provisoire présente au contraire au moins deux avantages. En effet, que se passe-t-il dans ce cas?

1. Voir Alain Toffler, *La Troisième Vague*, Denoël, 1982.

– Le cerveau peut fonctionner selon son mécanisme normal qui consiste à compléter ce qui manque. La courte période d'abandon lui permet d'agir, de façon inconsciente, sur la compréhension des passages épineux. Chacun de nous se souvient d'une question d'examen à laquelle il ne pouvait répondre lors de la première lecture et dont la solution lui a paru évidente lorsqu'il y est revenu un peu plus tard.

– En laissant momentanément les difficultés de côté, on les aborde ensuite en ayant à sa disposition plus d'informations et en tenant compte du contexte, mise en scène des mots. On est alors mieux armé pour les aplanir.

Lorsque la lecture sera terminée, les enfants auront alors recours au dictionnaire si nécessaire pour chercher la signification des mots inconnus.

☐ Évoquer

Il s'agit, texte à l'écart, d'en retrouver le contenu dans sa gestion mentale préférentielle. Les paroliers reformuleront le texte avec leurs propres mots, le commenteront. Les photographes ou les réalisateurs le reverront « dans leur tête », le feront défiler.

Quel que soit le procédé utilisé, cette évocation mentale est essentielle. Elle permet de s'approprier le texte et donc d'éviter le résumé constitué de fragments de phrases ou de phrases prises ici et là. Par ailleurs, elle révèle le taux de compréhension, de rétention. Mise en œuvre systématiquement, elle donne très vite des résultats spectaculaires.

Avec un peu d'entraînement, les enfants pourront doubler l'évocation visuelle par une évocation auditive et vice-versa : re-dire, revoir, re-dire..., dans une dialectique constante.

☐ Vérifier

En revenant au texte pour contrôler, confronter, compléter, le lecteur évite les mauvaises surprises du type : « Je croyais avoir compris. »

Conclusion

Ils ne sont pas « nuls » mais il faudrait leur donner les clés...

Les médias aidant, il est actuellement admis que les collégiens ne sont plus ce qu'ils étaient, que le niveau baisse. Ne prêtez plus attention à ces affirmations pessimistes qui avaient déjà cours dans l'Antiquité ! À cette époque, certains inspecteurs déploraient le même phénomène dans leurs rapports. En réalité, les attentes envers les élèves changent, mais l'enseignement délivré ne suit pas toujours. L'exemple de la maîtrise de l'information est particulièrement frappant.

Au fil des années, les instructions officielles mettent de plus en plus l'accent sur la réalisation de travaux personnels par le collégien, même si ce type d'activités porte une appellation différente à chaque changement de ministre. Cette évolution est positive. Elle montre que l'Éducation nationale prend en compte la rapidité des mutations dans la société actuelle et qu'elle reconnaît que le caractère mobile, fluctuant des connaissances et des emplois rend l'acquisition de méthodes aussi utile que l'accumulation des connaissances. Dans la suite de son existence, l'élève n'aura pas toujours l'occasion d'utiliser ses savoirs scolaires, alors que les aptitudes qu'il aura développées pour s'informer lui serviront quotidiennement. Ayant appris à accéder seul à un savoir, il sera à même toute sa vie de compléter ses connaissances, d'innover, de s'adapter au changement. Cette aptitude apparaît primordiale à une époque où il n'est plus possible de se contenter de connaissances cristallisées.

Ces intentions sont excellentes. Malheureusement, la réalité est parfois autre. De nombreux professeurs pensent en effet que la pratique du travail personnel suffit au développement de la compétence à se former : « C'est en forgeant qu'on devient forgeron. » Or, « l'autonomie ne naît pas d'une évolution spontanée de l'individu[1] ». Elle n'est pas une donnée, mais une conquête qui s'effectue grâce à un guidage. Il est nécessaire de communiquer à l'enfant les « règles du jeu » et de lui donner les moyens de gagner. Au nom de la créativité, certains enseignants refusent d'intervenir dans l'acquisition de méthodes. Cette attitude relève plutôt de la « non-assistance à élève en danger ». En effet, que se passe-t-il dans ce cas ? L'enfant perd son temps à se demander ce qu'il faut faire et comment le faire. Peu à peu, la lassitude l'envahit : il risque de renoncer. Quand il est laissé à lui-même, l'enfant n'ose innover. En revanche, lorsqu'il dispose de jalons, il ne craint plus de s'égarer. Il peut, sans arrière-pensée, laisser libre cours à son imagination.

De manière générale, guider les élèves dans leur accès à l'autonomie reste problématique. Les enseignants se réfugient derrière des difficultés de mise en place (emploi du temps, concertation...), mais surtout derrière un manque de formation. Or, pour les professeurs en activité, il est toujours possible de bénéficier d'une formation continue. Dans les stages que j'anime, les professeurs s'accordent à reconnaître (dans les couloirs, pendant les pauses...) que ce type d'activités est de la plus haute importance pour les élèves, que c'est la « clé » des études mais, dans le dernier quart d'heure, l'enthousiasme s'éteint brusquement. Immanquablement, un participant prend la parole pour rappeler que les programmes sont là, qu'il faut les « boucler » et que le temps manque pour prendre en charge ce travail. On est là au cœur d'un débat que l'on croyait dépassé : le débat sur les contenus et les méthodes, sur la « tête bien faite » et la « tête bien pleine ». Malgré les discours, la primauté est encore donnée à la transmission de connaissances, l'acquisition de savoir-faire étant renvoyée à une étape antérieure de la scolarité.

La situation évolue lentement. Dans certains collèges, les professeurs s'efforcent d'aider leurs élèves à devenir plus autonomes (séances d'« aide au travail », de « méthodologie », « études dirigées ») ; pour ce faire, ils organisent des séquences destinées à les doter de méthodes de travail, à les faire accéder à la maîtrise de l'information. Mais rien ne pourra véritablement changer tant que les représentations ancestrales sur le rôle du professeur en France n'évolueront pas. Pour que votre enfant ait une scolarité réussie, il vous faut encore souvent compléter ce qui n'est pas pris en charge par l'école. J'espère que ce livre vous y aidera.

---

1. Edgar Faure, ministre de l'Éducation nationale de juillet 1968 à juin 1969, auteur d'un rapport sur le développement de l'éducation pour le compte de l'Unesco.

Table

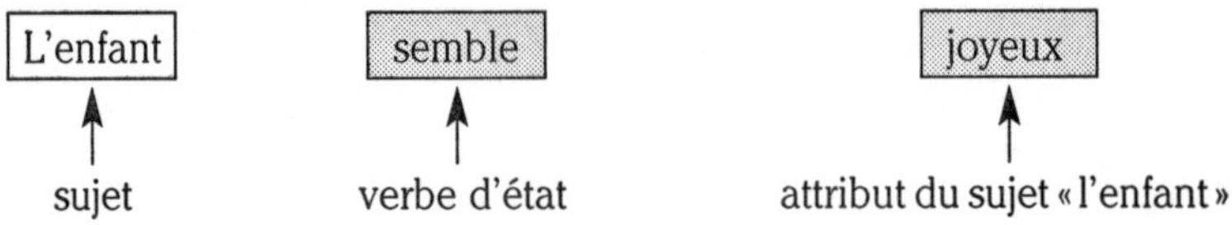

idée idée (thème) idée idée

idée idée idée idée idée

DU MÊME AUTEUR

Il a du mal à l'école,
Albin Michel, 2003.

Manuels scolaires sur la lecture

Bien lire à l'école :
lire pour apprendre, lire pour créer, niveau 1,
Nathan, 1987.

Bien lire à l'école :
lire pour apprendre, lire pour créer, niveau 2,
Nathan, 1988.

Bien lire à l'école:
lire pour apprendre, lire pour créer, premiers entraînements,
Nathan, 1989.

Le Moniteur de lecture, CE1,
Nathan/Retz, 1990.

Le Moniteur de lecture, 6e,
Nathan/Retz, 1990.

Arthur, CE1,
Nathan/Retz, 1990.

Arthur, 6e,
Nathan/Retz, 1990.

Bien lire au collège :
textes et exercices d'entraînement progressifs, niveau 1,
Nathan, 1985, nouvelle édition 1996.

Bien lire au collège :
lire pour apprendre, lire pour créer, niveau 2,
Nathan, 1986, nouvelle édition 1997.

L'Atelier de lecture, CE1, cycle 2,
Nathan, 1997.

Manuels scolaires sur les méthodes de travail

Méthodes pour apprendre en français, 6ᵉ,
Nathan, 1996.

Méthodes pour apprendre en français, 5ᵉ,
Nathan, 1996.

Méthodes pour apprendre en français, CM2 cycle 3,
Nathan, 1996.

Ouvrages parascolaires sur la lecture

Bon en lecture, 6ᵉ,
Nathan, 1991, nouvelle édition 1994.

Bon en lecture, CE2,
Nathan, 1991, nouvelle édition 1994.

Ouvrages destinés aux étudiants

Lecture et prise de notes :
gestion mentale et acquisition de méthodes de travail,
Nathan Université, coll. « 128 », 1992.

Préparer un examen :
gestion mentale et acquisition de méthodes de travail,
Nathan Université, coll. « 128 », 1992.

Ouvrages de pédagogie

Méthodes pour apprendre à l'école, au collège,
Nathan, coll. « Théories et pratiques », 1993.

DANS LA MÊME COLLECTION

Intelligent mais peut mieux faire
Jean-Luc AUBERT

Quels repères donner à nos enfants dans un monde déboussolé ?
Jean-Luc AUBERT

Du berceau à l'école – Les chemins de la réussite
Jean-Luc AUBERT

Mes parents se séparent – Je me sens perdu
Maurice BERGER et Isabelle GRAVILLON

Sectes, gourous, etc. – Éviter aux ados de se laisser piéger
Dominique BITON

Petite terreur ou souffre-douleur – La violence dans la vie de l'enfant
Stéphane BOURCET et Yves TYRODE

Petits tracas et gros soucis de 1 à 7 ans – Quoi dire, quoi faire
Christine BRUNET et Anne-Cécile SARFATI

Une famille, ça s'invente – Les atouts des parents, les atouts des enfants
Hélène BRUNSCHWIG

Papa, Maman, laissez-moi le temps de rêver !
Etty BUZYN

Me débrouiller, oui, mais pas tout seul !
Etty BUZYN

La Mort pour de faux et la Mort pour de vrai
Dana CASTRO

Il a du mal à l'école – Un peu, beaucoup, trop… comment l'aider
Brigitte CHEVALIER

Vos enfants ne sont pas des grandes personnes
Béatrice COPPER-ROYER

Peur du loup, peur de tout – Petites peurs, angoisses, phobies de l'enfant et de l'adolescent
Béatrice COPPER-ROYER

Doué, surdoué, précoce – L'enfant prometteur et l'école
Sophie CÔTE

Adolescence à problèmes – Comprendre vos enfants pour les aider
Dr Patrick DELAROCHE

Doit-on céder aux adolescents ?
Dr Patrick DELAROCHE

Parents, osez dire non !
Dr Patrick DELAROCHE

Oser être mère au foyer
Marie-Pascale DELPLANCQ-NOBECOURT

Parents de cœur – Comprendre l'enfant adopté
Sherrie ELDRIDGE

Blessures d'enfance – Les dire, les comprendre, les dépasser
Nicole FABRE

J'aime pas me séparer – Toutes les séparations dans la vie de l'enfant
Nicole FABRE

Amour, enfant, boulot... comment sortir la tête de l'eau
Anne GATECEL et Carole RENUCCI

Les mères qui travaillent sont-elles coupables ?
Sylviane GIAMPINO

Il était une fois le bon Dieu, le Père Noël et les fées – L'enfant et la croyance
Dominique GOBERT

Notre enfant d'abord – Du divorce à la médiation familiale
Muriel LAROQUE et Marie THÉAULT

Papa, Maman, on m'a traité de gros
Élisabeth LESNE

Tracas d'ados, soucis de parents
Pr Daniel MARCELLI et Guillemette de LA BORIE

Le Chemin de l'adoption – Le cœur et la raison
Jean-François MATTEI

Tu ne seras pas accro, mon fils! – Peut-on éviter à nos enfants de devenir dépendants?
Dr Jean-Claude MATYSIAK

Mon enfant me dévore
Lyliane NEMET-PIER

L'Enfant unique – Atouts et pièges
Carl E. PICKHARDT

J'suis pas motivé, je ne fais pas exprès
Brigitte PROT

Papa, Maman, j'y arriverai jamais! – Comment l'estime de soi vient à l'enfant
Emmanuelle RIGON

Pourquoi pleurent-ils? – Comprendre le développement de l'enfant, de la naissance à 1 an
Hetty VAN DE RIJT et Frans X. PLOOIJ

Aidez-moi à trouver mes marques! – Les repères du tout-petit
Michael ROHR

Toutes les questions que vous vous posez sur l'école maternelle
Nicole du SAUSSOIS

Les Risques de l'adolescence
Gérard SÉVÉRIN

Crèches, nounous et Cie – Modes de garde, mode d'emploi
Anne WAGNER et Jacqueline TARKIEL

Hors collection

Petites histoires pour devenir grand – À lire le soir pour aborder avec l'enfant ses peurs, ses tracas, ses questions
Sophie CARQUAIN

Composition Nord Compo
et impression Imprimerie Floch sur Roto-Page
en décembre 2003.

N° d'impression : 58700
N° d'édition : 22104
Dépôt légal : janvier 2004
Imprimé en France